Learn German with Conspiracies

German B1 Reader

Brian Smith

Copyright 2024

Brian Smith

German Graded Readers

For more books and E-book options visit:

www.briansmith.de

Einführung in Verschwörungen: Schatten und Geheimnisse in der Geschichte

Im Laufe der Geschichte hat das Wort "Verschwörung" immer Gefühle von Geheimnis, Intrigen und oft auch Machtkämpfen hervorgerufen. Eine Verschwörung bezeichnet im Kern eine Gruppe von Menschen, die heimlich auf ein meist illegales oder schädliches Ziel hinarbeiten. Diese verborgenen, oft mit Geheimnissen umgebenen Verschwörungen haben die Geschichte entscheidend geprägt.

Dieses Buch beschäftigt sich mit einigen der bemerkenswertesten Verschwörungen verschiedener Epochen und enthüllt die komplexen und oft dunklen Seiten der menschlichen Gesellschaft. Von antiken Verschwörungen wie der gegen die römische Republik im Jahr 63 v. Chr., bis hin zu neueren Skandalen wie dem Abgasskandal bei Volkswagen im Jahr 2015, zeigt jede Geschichte die Schichten von Intrigen und Betrug, die Verschwörungen auszeichnen.

Verschwörungen sind ein Teil der Weltgeschichte und zeigen, wie weit Menschen und Gruppen gehen, um ihre Ziele zu erreichen – oft auf Kosten von Ethik, Gesetzen und manchmal Menschenleben. Sie zeigen uns, dass das, was an der Oberfläche erscheint – in der Politik, Wirtschaft oder sozialen Strukturen – nicht immer die ganze Wahrheit ist. Diese Machenschaften, getrieben von Macht, Gier, Ideologie oder dem Wunsch nach Kontrolle, haben nicht nur das Leben einzelner Menschen verändert, sondern auch tiefe Auswirkungen auf Gesellschaften und Nationen gehabt.

Von Attentatsplänen, die Imperien veränderten, wie die Ermordung von Julius Cäsar, bis zu subtilen, aber wirkungsvollen Verschwörungen wie der Tuskegee-Syphilis-Studie, deckt jedes Kapitel dieses Buches einen anderen Aspekt verborgener Allianzen und betrügerischer Pläne auf. Der historische Umfang dieser Verschwörungen zeigt auch die Entwicklung von Täuschungsstrategien – von einfachen Komplotten in der Antike bis zu komplexen Machenschaften in der Neuzeit, wie beim Enron-

Skandal, einem Symbol für Unternehmensbetrug im 21. Jahrhundert.

Beim Lesen dieser Geschichten von Geheimhaltung und Verrat wird deutlich, dass Verschwörungen in all ihren Formen keine isolierten Ereignisse der Geschichte sind. Sie spiegeln vielmehr den ständigen Kampf um Macht, Einfluss und Erfolg wider, der in menschlichen Gesellschaften schon immer bestanden hat. Sie erinnern uns an die Bedeutung von Wachsamkeit, Transparenz und ethischem Verhalten in allen Lebensbereichen.

Mit der Erforschung dieser verschiedenen Verschwörungen will dieses Buch nicht nur historische Ereignisse darstellen, sondern auch zum Nachdenken über die moralischen und ethischen Dimensionen menschlichen Handelns anregen. Es lädt den Leser ein, die tieferen Strömungen, die einige der bedeutendsten Ereignisse der Geschichte beeinflusst haben, zu hinterfragen, zu analysieren und zu verstehen. Willkommen zu einer Reise durch die Schatten und Geheimnisse der Geschichte, bei der jedes Kapitel eine andere Facette der faszinierenden Welt der Verschwörungen offenbart.

1. Betrug - Deceit/Fraud
2. Bemerkenswertesten - Most remarkable
3. Dunklen - Dark
4. Einführung - Introduction
5. Enthüllt - Unveils/Reveals
6. Ethik - Ethics
7. Geheimnis - Mystery
8. Geheimnisse - Secrets
9. Geschichte - History
10. Gesellschaft - Society
11. Gesetzen - Laws
12. Ideologie - Ideology
13. Intrigen - Intrigue
14. Machenschaften - Machinations/Schemes
15. Machtkämpfen - Power struggles
16. Schädlich - Harmful

17. Skandalen - Scandals
18. Verschwörungen - Conspiracies
19. Wachsamkeit - Vigilance
20. Ziel - Goal/Objective

Die Verschwörung des Catilina (63 v. Chr.)

1. Die Hintergründe

In der Antike war Rom als Republik bekannt, in der die Staatsführer durch Wahlen vom Volk gewählt wurden. Dieses Regierungssystem war ziemlich einzigartig und wurde in der antiken Welt bewundert. Zu den Politikern dieser Zeit gehörte Lucius Sergius Catilina, allgemein bekannt als Catilina. Er war ein ehrgeiziger Mann, dessen Ziel es war, Konsul zu werden, eines der höchsten und mächtigsten Ämter in der römischen Politik. Sein Weg war jedoch von wiederholten Misserfolgen geprägt, da er mehrere Wahlen verlor. Diese Misserfolge missfielen ihm und führten zu einem wachsenden Gefühl der Frustration und Verzweiflung.

Zu dieser Zeit waren viele Römer zunehmend unzufrieden mit ihrer Führung. Es gab erhebliche wirtschaftliche Probleme; die Stadt litt unter finanziellen Schwierigkeiten, die vielen Bürgern das Leben schwer machten. Auch soziale Probleme waren weit verbreitet, und es herrschte eine tiefe Kluft zwischen den Reichen und den Armen. Diese Kluft führte zu weitverbreiteter Unzufriedenheit und Unruhen in der Bevölkerung und schuf ein Umfeld, das reif für eine Rebellion war.

Catilina witterte seine Chance und fand bei diesen unzufriedenen Gruppen Unterstützung. Seine Versprechen von Veränderungen und Reformen fanden Anklang bei denjenigen, die mit der aktuellen Situation unzufrieden waren. Im Jahr 63 v. Chr. plante er einen Aufstand, um die Macht an sich zu reißen und die von ihm versprochenen Veränderungen herbeizuführen. In diesem Jahr kandidierte er erneut für das Konsulat, in der Hoffnung, sein Ziel auf politischem Wege zu erreichen. Er verlor jedoch die Wahl, eine Niederlage, die der Auslöser für seine berüchtigte Verschwörung sein sollte.

Nach seiner Wahlniederlage begann Catilina, ernsthaft zu konspirieren. Er und seine Anhänger hielten geheime Treffen ab, fern von den neugierigen Augen der Behörden und der Öffentlichkeit. Sie schmiedeten einen kühnen und gefährlichen

Plan, der die Ermordung der führenden Politiker Roms und den Brand der Stadt vorsah. Dieser Plan war nicht nur eine bloße Äußerung des Dissenses, sondern ein ausgewachsenes Komplott gegen die römische Republik selbst.

Catilina begann, Kräfte zu sammeln und eine Armee von Anhängern aufzubauen, die bereit waren, für seine Sache zu den Waffen zu greifen. Die Nachrichten über diese Entwicklungen und die Art von Catilinas Plänen verbreiteten sich allmählich und lösten bei den Menschen in Rom Angst und Schrecken aus. Die Stadt war nervös und bereit für das, was viele als gewalttätigen und zerstörerischen Aufstand befürchteten. Diese Zeit war eine der turbulentesten in der Geschichte Roms, denn die Republik befand sich am Rande des Chaos und der Unordnung, bedroht von einem ihrer eigenen.

1. Anhänger - Followers/Supporters
2. Armee - Army
3. Äußerung - Expression/Utterance
4. Aufstand - Revolt/Uprising
5. Behörden - Authorities
6. Bürger - Citizens
7. Ehrgeiziger - Ambitious
8. Führung - Leadership
9. Gefährlichen - Dangerous
10. Geheime - Secret
11. Kandidierte - Ran for office/Candidated
12. Kluft - Gap/Divide
13. Komplott - Plot
14. Konsulat - Consulate
15. Misserfolge - Failures
16. Politiker - Politician
17. Republik - Republic
18. Schwierigkeiten - Difficulties
19. Unzufriedenheit - Dissatisfaction

2. Die Entdeckung und die Reaktion

In dieser kritischen Phase der römischen Geschichte spielte Cicero, einer der Konsuln Roms, eine Schlüsselrolle. Er stellte sich entschieden gegen Catilina und seine Pläne. Cicero, bekannt für seine Weisheit und Beredsamkeit, war nicht nur ein Anführer, sondern auch ein Wächter der Sicherheit der Stadt. Seine Rolle wurde noch wichtiger, als er von Catilinas Verschwörung erfuhr. Diese Informationen erhielt er nicht zufällig, sondern von Informanten, die von der Verschwörung wussten und sich entschieden, Cicero zu informieren.

Cicero erkannte den Ernst der Lage und ergriff sofort Maßnahmen. Er hielt öffentliche Reden, um die Menschen in Rom vor der drohenden Gefahr zu warnen. Es waren leidenschaftliche Appelle an die Bürger, in denen er vor der Verschwörung warnte, die ihre Stadt bedrohte. In dieser Zeit tauchten erste Beweise gegen Catilina und seine Mitverschwörer auf. Von ihnen verfasste Briefe, in denen ihre Pläne besprochen wurden, wurden abgefangen. Diese Briefe waren ein entscheidender Beweis für die Existenz der Verschwörung.

Der Senat, das wichtigste Regierungsorgan der Republik, hielt eine Dringlichkeitssitzung ab, um die alarmierende Situation zu erörtern. Die Sitzung war von Dringlichkeit geprägt. Der Senat erkannte die Notwendigkeit eines energischen Handelns und erteilte Cicero im Rahmen des "Senatus Consultum Ultimum" besondere Vollmachten. Dies war eine außerordentliche Maßnahme, die Cicero die Befugnis gab, alles zu tun, was zum Schutz des Staates notwendig war.

Mit diesen Befugnissen handelte Cicero rasch. Einige von Catilinas Anhängern wurden verhaftet, um ihren Teil des Komplotts zu verhindern. Cicero legte dem Senat die gesammelten Beweise vor. Die abgefangenen Briefe und die Aussagen der Informanten zeichneten ein klares Bild der Verschwörung und überzeugten viele von der Ernsthaftigkeit der Bedrohung.

Die öffentliche Reaktion auf diese Entwicklungen war überwiegend positiv für Cicero. Die Menschen in Rom, die in Angst vor Catilinas Plänen gelebt hatten, empfanden Erleichterung und Dankbarkeit gegenüber Cicero für sein entschlossenes Handeln. Als Catilina jedoch erkannte, dass sein Komplott aufgedeckt worden war, verließ er Rom und schloss sich den Truppen an, die er gesammelt hatte. Diese Handlung war ein klares Zeichen dafür, dass er seine Ambitionen noch nicht aufgegeben hatte.

Daraufhin begann Rom, sich auf eine mögliche Konfrontation vorzubereiten. Die Stadt konnte es sich nicht leisten, ein Risiko mit Catilina und seiner wachsenden Armee einzugehen. In Rom entbrannte eine Debatte darüber, wie man mit den Verschwörern umgehen sollte. Einige plädierten für Barmherzigkeit, während andere strenge Maßnahmen für notwendig hielten, um künftige Verschwörungen zu verhindern.

Die Debatte war heftig, aber am Ende wurden die in Rom gefassten Verschwörer hingerichtet. Dies war ein drastischer Schritt, aber viele hielten ihn für notwendig, um die Republik zu schützen. Die Entscheidung führte jedoch zu geteilten Meinungen. Nicht alle waren mit Ciceros Ansatz einverstanden, und einige kritisierten die Härte der Strafen.

Unterdessen wuchs Catilinas Armee weiter. Trotz der Rückschläge schlossen sich immer mehr Menschen seiner Sache an. Diese Situation stellte eine ständige Bedrohung für Rom dar und bereitete die Bühne für eine dramatische und entscheidende Konfrontation. Die Maßnahmen von Cicero und dem Senat, die Reaktion der Öffentlichkeit und die anhaltende Bedrohung durch Catilina trugen zu einer angespannten und unsicheren Atmosphäre in Rom bei.

1. Anführer - Leader
2. Appelle - Appeals
3. Armee - Army
4. Barmherzigkeit - Mercy
5. Bedrohung - Threat
6. Befugnis - Authority
7. Beredsamkeit - Eloquence
8. Debatte - Debate
9. Dringlichkeitssitzung - Emergency meeting

10. Ergriff - Took action
11. Erleichterung - Relief
12. Erörtern - To discuss
13. Gesammelten - Collected
14. Hintergründe - Backgrounds
15. Informanten - Informants
16. Konfrontation - Confrontation
17. Leidenschaftliche - Passionate
18. Mitverschwörer - Co-conspirators
19. Regierungsorgan - Governing body
20. Verhaftet - Arrested

3. Das Ende der Verschwörung

Als die Verschwörung Catilinas ihren Höhepunkt erreichte, bereitete sich die römische Armee darauf vor, ihm in der Schlacht entgegenzutreten. Unter dem Kommando der römischen Führer zog das Heer aus, um Catilina und seinen Truppen gegenüberzustehen. Catilina war entschlossen zu kämpfen und hatte sich eine Strategie zurechtgelegt: Er wollte zuerst angreifen, um sich einen Vorteil gegenüber der römischen Armee zu verschaffen.

Der endgültige Showdown fand 62 v. Chr. in der Schlacht von Pistoria statt. Diese Schlacht war entscheidend und markierte das Ende der Catilinischen Verschwörung. Es war ein harter und intensiver Kampf, bei dem beide Seiten große Tapferkeit und Entschlossenheit zeigten. Die römische Armee erwies sich jedoch als stärker und disziplinierter. Trotz Catilinas Bemühungen und der Tapferkeit seiner Männer mussten sie sich schließlich geschlagen geben. Diese Niederlage bedeutete das Ende der Verschwörung, die das Herz Roms bedroht hatte.

Catilina, der Mann, der die ganze Sache ins Rollen gebracht hatte, fand in dieser Schlacht sein Ende. Er kämpfte tapfer, wurde aber getötet, womit seine ehrgeizigen und gefährlichen Pläne endeten. Mit seinem Tod war die unmittelbare Bedrohung für Rom beseitigt.

Nach der Schlacht befand sich Rom wieder in Sicherheit. Die Verschwörung war zerschlagen worden, und die Stadt konnte aufatmen. Cicero, der eine entscheidende Rolle bei der Aufdeckung und Bekämpfung der Verschwörung gespielt hatte, wurde zum Helden. Er erlangte für seine Taten große Berühmtheit und festigte seinen Ruf als Verteidiger der Republik.

Das Ende der Verschwörung bedeutete jedoch nicht das Ende der Probleme für Rom. Die Stadt hatte weiterhin mit Unruhen und Problemen zu kämpfen. Die Kluft zwischen Arm und Reich, politische Kämpfe und soziale Unruhen – all diese Probleme blieben bestehen.

Im Laufe der Zeit gab es unterschiedliche historische Ansichten über Catilina und die Verschwörung. Einige sehen ihn als Schurken, der die Republik bedrohte, während andere ihn als tragische Figur betrachten, die ein Opfer der Umstände seiner Zeit war.

Trotz seines Ruhms und seiner Verdienste hatte Cicero in seinem späteren Leben mit Schwierigkeiten zu kämpfen. Seine späteren Jahre waren von politischen Kämpfen und persönlichen Herausforderungen geprägt. Die Verschwörung hatte einen bedeutenden Einfluss auf die römische Politik und veränderte die Art und Weise, wie Macht in der Republik ausgeübt und wahrgenommen wurde.

Das Vermächtnis der Verschwörung Catilinas wird noch heute untersucht und diskutiert. Sie wirft wichtige moralische Fragen über Macht, Gerechtigkeit und die Methoden zur Erhaltung des Staates auf. Die Verschwörung, ihre Ursachen, die Reaktion darauf und ihre Folgen sind wichtige Lektionen in der römischen Geschichte. Obwohl dieses Ereignis Jahrhunderte alt ist, bleibt es immer noch relevant für Diskussionen über Politik, Ethik und Staatsführung.

1. Armee - Army
2. Aufatmen - To breathe a sigh of relief
3. Aufdeckung - Uncovering/Exposure

4. Ausgeübt - Exercised
5. Bedrohung - Threat
6. Bekämpfung - Combat/Fight against
7. Beseitigt - Eliminated/Removed
8. Beteidigt - Involved
9. Beweglichkeit - Agility
10. Beweise - Proofs
11. Deutlich - Clearly
12. Durchführung - Implementation/Execution
13. Entschlossenheit - Determination
14. Erhalten - Preserve/Maintain
15. Führer - Leader
16. Gefecht - Battle/Fight
17. Heer - Army/Forces
18. Herausforderungen - Challenges
19. Höhepunkt - Climax/Peak
20. Kämpfe - Fights/Battles

Die Ermordung von Julius Cäsar (44 v. Chr.)

1. Julius Cäsar und Rom

Julius Cäsar war einer der mächtigsten Führer in der Geschichte Roms. Unter seiner Herrschaft dehnte Rom sein Territorium erheblich aus. Er führte viele erfolgreiche Feldzüge, die Rom größer und einflussreicher machten. Seine Macht in Rom wuchs so stark, dass er zum Diktator auf Lebenszeit ernannt wurde. Dies war eine große Veränderung gegenüber dem früheren System Roms, in dem die Führer regelmäßig wechselten.

Viele Römer bewunderten und liebten Cäsar. Sie schätzten seine starke Führung und die Siege, die er für Rom errang. Er war ein charismatischer Anführer, und seine Fähigkeit, mit den Menschen zu kommunizieren, war bemerkenswert. Unter seiner Herrschaft führte er viele politische Veränderungen durch, die darauf abzielten, Rom zu verbessern und zu stärken.

Doch nicht jeder war mit Cäsars Herrschaft zufrieden. Einige Mitglieder des Senats, einer Gruppe mächtiger Personen, die an der Führung Roms beteiligt waren, fürchteten Cäsars Macht. Sie befürchteten, dass Cäsar zu mächtig wurde und dass dies für Rom schädlich sein könnte. Dadurch nahmen die Spannungen in Rom zu.

Cäsar hatte große Ambitionen für Rom. Er wollte die Stadt zur größten und mächtigsten der Welt machen. Zu diesem Zweck plante er viele Reformen und Veränderungen. Einige Senatoren jedoch fanden, dass er zu viel Macht an sich riss. Ihrer Meinung nach sollte eine einzelne Person nicht so viel Macht in Rom haben. Dies führte zu heimlichen Gesprächen unter einigen Senatoren, um Cäsar zu stoppen.

Rom war in seiner Meinung über Cäsar gespalten. Während viele einfache Menschen ihn wegen der Verbesserungen, die er für ihr Leben brachte, unterstützten, waren die Reichen und Mächtigen besorgt. Sie waren es gewohnt, viel Einfluss in Rom zu haben und sahen Cäsars Macht als Bedrohung für ihre Position an.

Zu Cäsars Reformen gehörten auch Änderungen der Gesetze und der Gesellschaft. Er wollte das Leben der einfachen Bevölkerung in Rom verbessern. Das machte ihn bei ihnen sehr beliebt. Die Elite, die es gewohnt war, viel Kontrolle und Macht zu haben, war jedoch über diese Veränderungen besorgt. Sie dachten, Cäsar würde ihnen die Macht entziehen.

Diese Spaltung Roms bereitete den Boden für das, was noch kommen sollte. Der Liebe und Unterstützung des einfachen Volkes für Cäsar standen die Angst und Sorge der Elite und einiger Senatoren gegenüber. Es war eine Zeit großer Veränderungen und Ungewissheit in Rom, und Cäsar stand im Mittelpunkt des Geschehens.

1. Ambitionen - Ambitions
2. Anführer - Leader
3. Änderungen - Changes
4. Befürchteten - Feared
5. Bevölkerung - Population
6. Boden - Ground
7. Charismatischer - Charismatic
8. Diktator - Dictator
9. Errang - Achieved
10. Feldzüge - Campaigns
11. Führung - Leadership
12. Gespalten - Divided
13. Herrschaft - Rule/Dominance
14. Mitglieder - Members
15. Reformen - Reforms
16. Schädlich - Harmful
17. Senatoren - Senators
18. Spannungen - Tensions
19. Territorium - Territory

2. Die Verschwörung gegen Caesar

Als Cäsars Macht in Rom wuchs, begann eine Gruppe von Senatoren, heimlich gegen ihn zu intrigieren. Diese Senatoren waren besorgt über Cäsars zunehmende Kontrolle und glaubten, zum Wohle Roms handeln zu müssen. Sie schmiedeten einen geheimen Plan, um ihn zu stoppen.

Eine der wichtigsten Personen in dieser Verschwörung war Brutus. Brutus war ein Freund Cäsars, was seine Beteiligung an der Verschwörung noch schockierender machte. Brutus war in Rom geachtet, und seine Beteiligung zeigte, wie ernst die Lage geworden war.

Die Verschwörer trafen sich im Geheimen und schmiedeten sorgfältig ihren Plan. Sie mussten sehr vorsichtig sein, denn wenn jemand davon erführe, könnte ihr Plan scheitern, und sie würden in große Gefahr geraten. Sie beschlossen, ihren Plan am 15. März 44 v. Chr. auszuführen. Dieses Datum wurde mit Bedacht gewählt; es war ein Tag, an dem Cäsar im Senat sein würde, einem Ort, an dem sie ihn inmitten vieler Menschen finden konnten.

Ihr Ziel war klar und erschreckend: Sie wollten Julius Cäsar töten. Sie planten, ihn im Senat anzugreifen, einem Ort, wo er Staatsgeschäfte abwickeln würde. Die Wahl dieses Ortes war strategisch und symbolisch. Der Senat war das Herz des römischen politischen Lebens, und mit der Wahl dieses Ortes wollten die Verschwörer ihre Absichten für Rom zum Ausdruck bringen.

Als immer mehr Senatoren von dem Komplott erfuhren, beschlossen einige, sich anzuschließen. Mit jedem neuen Mitglied stieg das Risiko der Entdeckung, aber es zeigte auch die wachsende Besorgnis der römischen Führer über Cäsars Herrschaft. Die Verschwörer behaupteten, ihr Motiv sei es, Rom vor einem Diktator zu bewahren. Sie glaubten, dass sie im besten Interesse der Stadt handelten, indem sie Cäsar beseitigten.

Sie hielten ihren Plan streng geheim und verbargen ihn vor der Öffentlichkeit und sogar vor anderen Senatoren, die nicht an der Verschwörung beteiligt waren. Als der Tag des Attentats näher rückte, trafen sie ihre letzten Vorbereitungen. Alles musste perfekt sein, damit ihr Plan funktionierte.

In der Zwischenzeit erhielt Cäsar einige Warnungen vor möglichen Gefahren. Es gab Anzeichen und Gerüchte über ein Komplott gegen ihn, aber Cäsar entschied sich, diese Warnungen zu ignorieren. Entweder glaubte er nicht daran oder er wollte zeigen, dass er keine Angst hatte.

Schließlich kam der Tag des Attentats: Der 15. März, auch bekannt als die Iden des März. Dies war der Tag, auf den sich die Verschwörer vorbereitet hatten. Es war ein Tag, der Rom für immer verändern würde. Die Senatoren hatten ihren Plan, und sie waren bereit, ihn auszuführen. Die Stadt Rom ging in Unkenntnis des bevorstehenden Ereignisses ihrem Alltag nach, während sich eine kleine Gruppe von Menschen darauf vorbereitete, die römische Welt zu erschüttern.

1. Anschließen - Join
2. Anzeichen - Signs/Indications
3. Attentats - Assassination
4. Beseitigten - Eliminated
5. Besorgnis - Concern
6. Besten - Best
7. Brutus - Brutus (a proper name, not translated)
8. Cäsars - Caesar's
9. Entdeckung - Discovery
10. Erfuhren - Learned/Found out
11. Geheimen - Secret
12. Gerüchten - Rumors
13. Herrschaft - Rule
14. Iden - Ides (specific to Roman calendar, not translated)
15. Ignorieren - Ignore
16. Intrigieren - Conspire
17. Komplott - Plot
18. Schmiedeten - Forged/Devised
19. Senatoren - Senators
20. Vorbereitungen - Preparations

3. Das Attentat und seine Nachwirkungen

Die Ermordung von Julius Cäsar war ein schockierendes Ereignis, das sich im Senat, dem Zentrum der römischen Politik, abspielte. Am 15. März 44 v. Chr. führten die Verschwörer, darunter viele Senatoren, ihren Plan aus. Cäsar wurde im Senat angegriffen und getötet, einem Ort, an dem er einst eine mächtige und angesehene Persönlichkeit gewesen war. Diese Tat war nicht nur ein persönlicher Angriff auf Cäsar, sondern auch eine Aussage gegen seine Herrschaft über Rom.

Einer der bemerkenswertesten Verschwörer war Brutus, ein Freund Cäsars. Seine Beteiligung an der Ermordung war bedeutend und trug zur Dramatik des Ereignisses bei. Es heißt, dass Cäsar, als er angegriffen wurde, Brutus unter den Angreifern sah und die berühmten Worte "Et tu, Brute?" aussprach, was so viel bedeutet wie "Du auch, Brutus?". Dieser Moment ist zu einem der berühmtesten der Geschichte geworden und symbolisiert Verrat und die Komplexität der Macht.

Die Reaktion in Rom auf die Ermordung Cäsars war von Schock und Ungläubigkeit geprägt. Niemand hatte erwartet, dass eine so mächtige Persönlichkeit auf diese Weise getötet werden könnte. Die Verschwörer glaubten, dass sie mit der Ermordung Cäsars Rom vor einer Diktatur bewahren und die Republik wiederherstellen würden. Ihr Handeln hatte jedoch den gegenteiligen Effekt.

Die öffentliche Reaktion war eine Mischung aus Wut und Traurigkeit. Cäsar war von vielen geliebt worden, vor allem vom einfachen Volk, für das er die Lebensbedingungen verbessert hatte. Sein Begräbnis war ein großes Ereignis, das von vielen Menschen besucht wurde. Es war eine Zeit der Trauer und des Nachdenkens für die Stadt Rom.

Nach seinem Tod wurde Rom ins Chaos gestürzt. Ohne Cäsars Führung entstand ein Machtvakuum, und verschiedene Fraktionen kämpften um die Kontrolle. Dieses Chaos mündete schließlich in einen Bürgerkrieg, in dem Anführer und ihre Anhänger um die Vorherrschaft rangen.

Eine der Schlüsselfiguren dieser Zeit war Octavian, Cäsars adoptierter Erbe. Er sollte später als Augustus bekannt werden, der erste Kaiser von Rom. Die Ermordung Cäsars und die darauffolgenden Unruhen spielten eine entscheidende Rolle beim Ende der Römischen Republik und markierten den Beginn des Römischen Reiches, ein neues Kapitel in der Geschichte Roms.

Der Tod Cäsars hatte immense historische Auswirkungen. Er veränderte den Lauf der römischen Geschichte, führte zur Entstehung des Kaiserreichs und beendete die jahrhundertelange republikanische Regierungsform. Das Vermächtnis Cäsars hat die Jahrhunderte überdauert. Er bleibt eine der berühmtesten Persönlichkeiten der Geschichte, bekannt für seine Führungsqualitäten, seine militärischen Fähigkeiten und sein dramatisches Ende.

Nach der Ermordung Cäsars war Rom nicht mehr dasselbe. Das Ereignis veränderte die politische Landschaft und hinterließ einen bleibenden Eindruck in der Weltgeschichte. Das Leben und der Tod Cäsars wurden vielfach untersucht und nacherzählt, was die anhaltende Faszination für seine Geschichte und ihre Bedeutung unterstreicht.

1. Adoptierter - Adopted
2. Anführer - Leaders
3. Angegriffen - Attacked
4. Aussprach - Uttered
5. Begräbnis - Funeral
6. Bemerkenswertesten - Most remarkable
7. Beteiligung - Participation
8. Diktatur - Dictatorship
9. Eindruck - Impression
10. Ermordung - Assassination
11. Faszination - Fascination
12. Fraktionen - Factions
13. Führungsqualitäten - Leadership qualities
14. Geliebt - Loved
15. Herrschaft - Rule

16. Lebensbedingungen - Living conditions
17. Machtvakuum - Power vacuum
18. Republikanische - Republican
19. Trauer - Mourning
20. Unruhen - Unrests

Die Pisonische Verschwörung (65 n. Chr.)

1. Nero und Rom

Nero war ein berühmter römischer Kaiser, bekannt für seine umstrittene und dramatische Herrschaft. Er wurde in sehr jungem Alter zum Kaiser ernannt, was für römische Herrscher ungewöhnlich war. Seine Regierungszeit war geprägt von einem starken Interesse an künstlerischen Aktivitäten und einem Lebensstil voller Extravaganz und Luxus. Dieser Lebensstil fand jedoch bei vielen Römern wenig Zustimmung, da sie seinen extravaganten Lebensstil missbilligten.

Während Neros Zeit als Kaiser führten seine Handlungen und Entscheidungen zu politischen Spannungen, vor allem unter der römischen Elite. Sie waren besorgt über seine Art zu regieren und seine Missachtung der traditionellen römischen Werte. Diese Unzufriedenheit beschränkte sich nicht nur auf die Elite; auch viele einfache Menschen fühlten sich mit Neros Führung unwohl.

Eines der wichtigsten Ereignisse während der Herrschaft Neros war der Große Brand von Rom im Jahr 64 n. Chr. Dieses verheerende Feuer zerstörte einen großen Teil der Stadt. Es kursierten Gerüchte, Nero sei für das Feuer verantwortlich, obwohl dies nie bewiesen wurde. Als Reaktion auf diese Gerüchte beschuldigte Nero die Christen in Rom, den Brand gelegt zu haben, was zu schweren Verfolgungen führte.

Im Laufe der Zeit wuchs die Unzufriedenheit in der Bevölkerung und in der Politik. Die Angst vor einer Rebellion gegen Neros Herrschaft nahm zu. Nero selbst wurde zunehmend paranoid bezüglich seiner Sicherheit, da er befürchtete, dass jemand versuchen könnte, ihn zu stürzen. Er reagierte auf diese Furcht oft hart und brutal, indem er strenge Anordnungen erließ und diejenigen bestrafte, die er der Illoyalität verdächtigte.

Die römische Elite, die einst viel Macht und Einfluss in Rom hatte, war besonders unzufrieden mit Nero. Sie sahen in seiner Herrschaft eine Destabilisierung der römischen Politik, die zu Unsicherheit und Chaos führte. In dieser Atmosphäre begannen sich Pläne für eine Verschwörung gegen Nero zu formen.

Verschiedene Gruppen, unzufrieden mit Neros Herrschaft, begannen, sich aktiv gegen ihn zu stellen.

Im Laufe seiner Regierungszeit geriet Nero zunehmend in die Isolation, da immer mehr Menschen in Rom seine Herrschaft als schädlich für das Wohlergehen der Stadt ansahen. Diese wachsende Opposition bereitete den Boden für ein Komplott, das Neros umstrittene Herrschaft über Rom ein Ende setzen sollte.

1. Anordnungen - Orders/Decrees
2. Bevölkerung - Population
3. Brand - Fire
4. Destabilisierung - Destabilization
5. Extravaganz - Extravagance
6. Führung - Leadership
7. Furcht - Fear
8. Gerüchte - Rumors
9. Handlungen - Actions
10. Herrschaft - Rule/Reign
11. Isolation - Isolation
12. Kaiser - Emperor
13. Komplott - Plot/Conspiracy
14. Missachtung - Disregard
15. Opposition - Opposition
16. Regierungszeit - Reign/Rule
17. Verfolgungen - Persecutions

2. Die pisonische Verschwörung

Die Pisonische Verschwörung war ein bedeutendes Komplott gegen Kaiser Nero, das von Gaius Calpurnius Piso, einem römischen Adligen, angeführt wurde. Piso war für seinen Adelsstatus bekannt und galt als möglicher alternativer Führer zu Nero. Die Verschwörer, eine Gruppe von Personen, die Nero stürzen wollten, trafen sich im Geheimen, um ihre Aktionen zu planen. Sie waren entschlossen, Neros Herrschaft zu beenden, die sie als tyrannisch und schädlich für Rom ansahen.

Der Hauptplan der Verschwörung bestand darin, Nero zu ermorden und durch Piso zu ersetzen. Um dies zu erreichen, begannen sie, heimlich weitere Mitglieder anzuwerben. Die Gruppe der Verschwörer war breit gefächert und umfasste Senatoren, die mit Neros Herrschaft unzufrieden waren, Soldaten, die sich vom Kaiser verraten fühlten, sowie Dichter und Philosophen, die einen besseren Führer für Rom suchten.

Ihre Motivation war klar: Sie wollten Neros unterdrückerische und verschwenderische Herrschaft beenden und glaubten, durch seine Beseitigung Stabilität und traditionelle Werte in Rom wiederherstellen zu können. Sie hielten ihren Plan streng geheim, denn sie wussten, dass die Aufdeckung ihres Plans schwerwiegende Konsequenzen nach sich ziehen würde.

Es war entscheidend, den richtigen Zeitpunkt für die Aktion zu wählen. Sie brauchten einen Moment, in dem Nero verwundbar war und sie ihren Plan ohne unmittelbaren Widerstand durchführen konnten. Die ständige Angst vor Entdeckung verlieh den Treffen zusätzliche Spannung und Dringlichkeit.

Innerhalb der Gruppe gab es Meinungsverschiedenheiten über den Zeitpunkt, die Methode der Ermordung und die Pläne für die Zeit nach Neros Beseitigung. Philosophen, die das Komplott unterstützten, trugen zu den Diskussionen bei und brachten ihre Weisheit und Perspektive ein.

Interessanterweise waren auch einige Militäroffiziere an der Verschwörung beteiligt. Ihre Beteiligung zeigte die weit verbreitete Unzufriedenheit mit Neros Herrschaft, die über politische Kreise hinausging. Mit der Zeit breitete sich die Unzufriedenheit aus, und immer mehr Menschen in Rom empfanden eine Veränderung als notwendig.

Das Komplott wurde jedoch schließlich aufgedeckt. Diese Entdeckung führte zu einer schnellen und harten Reaktion. Viele der Verschwörer, einschließlich Piso und anderer Beteiligter, wurden verhaftet. Sie mussten sich vor Gericht verantworten, und viele wurden hingerichtet oder hart bestraft.

Die Entdeckung der Pisonischen Verschwörung offenbarte die tiefe Spaltung und Unruhe in der römischen Gesellschaft unter Neros Herrschaft. Sie war ein deutliches Zeichen dafür, dass viele Menschen in Rom aus unterschiedlichen Gesellschaftsschichten mit dem Kaiser zutiefst unzufrieden waren und bereit waren, drastische Maßnahmen zu ergreifen, um einen Führungswechsel herbeizuführen.

1. Adelsstatus - Nobility status
2. Aktionen - Actions
3. Angeführt - Led
4. Anwerben - Recruit
5. Beseitigung - Elimination/Removal
6. Beteiligter - Participant
7. Dichter - Poet
8. Ermorden - To murder
9. Führungswechsel - Change of leadership
10. Gefächert - Diverse/Ranged
11. Gericht - Court
12. Herrschaft - Rule
13. Komplott - Plot
14. Meinungsverschiedenheiten - Disagreements
15. Militäroffiziere - Military officers
16. Philosophen - Philosophers
17. Soldaten - Soldiers
18. Stabilität - Stability
19. Tyrannisch - Tyrannical

3. Die Nachwehen der Verschwörung

Nachdem die Pisonische Verschwörung aufgedeckt worden war, reagierte Nero mit extremer Wut und Paranoia. Er fühlte sich verraten und befürchtete weitere Verschwörungen gegen sich. Daraufhin ordnete er Massenverhaftungen an, die sich nicht nur gegen die eigentlichen Verschwörer, sondern auch gegen viele Unschuldige richteten, die verdächtigt wurden, an der

Verschwörung beteiligt zu sein. Dies führte zu weit verbreiteter Angst und Unsicherheit in der römischen Bevölkerung.

Viele der Verhafteten, darunter auch Unschuldige, wurden hingerichtet. Diese Hinrichtungen waren Teil von Neros Versuch, seine Macht zu demonstrieren und zukünftige Verschwörungen zu verhindern. Diese Reaktion verstärkte jedoch nur das Gefühl der Unterdrückung und Angst im römischen Volk.

Die Aufdeckung und die Folgen der Verschwörung markierten den Beginn von Neros Niedergang. Seine bereits prekäre Position als Kaiser wurde dadurch weiter geschwächt. Er verlor nicht nur die Unterstützung der Elite, sondern auch die der breiten Öffentlichkeit, die von seiner zunehmend repressiven Herrschaft enttäuscht war.

Die Pisonische Verschwörung hatte einen nachhaltigen Einfluss auf Rom. Sie machte die tiefe Unzufriedenheit und Spaltung der römischen Gesellschaft deutlich. Das Ereignis zeigte, wie groß der Widerstand gegen Neros Herrschaft war und wie weit seine Gegner bereit waren, ihn zu entmachten.

Einige Jahre nach der Verschwörung kam das Ende von Neros Herrschaft. Angesichts einer Revolte und des Verlusts an Unterstützung beging Nero im Jahr 68 n. Chr. Selbstmord. Sein Tod markierte einen bedeutenden Wendepunkt in der römischen Geschichte. Er beendete die julisch-claudische Dynastie und führte zu einer Zeit der politischen Instabilität und des Bürgerkriegs, in der verschiedene Gruppierungen um die Macht rangen.

Die historische Debatte über das Erbe Neros hält bis heute an. Einige sehen in ihm einen tyrannischen Herrscher, dessen Herrschaft von Verschwendung und Unterdrückung geprägt war. Andere würdigen seinen Beitrag zu Kunst und Kultur in Rom.

Die Pisonische Verschwörung selbst bleibt ein bedeutendes historisches Ereignis. Sie spiegelt die Komplexität von Macht, Herrschaft und Widerstand im alten Rom wider. Die Folgen der Verschwörung bereiteten den Boden für zukünftige Veränderungen in Rom, führten aber auch zu einer Zeit der

Instabilität und ebneten den Weg für eine neue Führung und Ausrichtung.

Die Verschwörung und ihre Folgen sind auch eine Reflexion über das Wesen von Macht und Herrschaft. Sie zeigen, wie die Handlungen eines Herrschers zu Widerstand und Rebellion führen können und wie der Kampf um die Macht weitreichende Folgen für eine Gesellschaft haben kann. Die Ereignisse im Anschluss an die Pisonische Verschwörung erinnern daran, welche Auswirkungen die Führung auf die Stabilität und die Zukunft einer Nation hat.

1. Aufdeckung - Exposure/Uncovering
2. Ausrichtung - Alignment/Orientation
3. Bevölkerung - Population
4. Bürgerkrieg - Civil War
5. Debatte - Debate
6. Dynastie - Dynasty
7. Einfluss - Influence
8. Entmachten - Depower
9. Folgen - Consequences
10. Gruppierungen - Groups
11. Herrscher - Ruler
12. Hinrichtungen - Executions
13. Instabilität - Instability
14. Macht - Power
15. Massenverhaftungen - Mass Arrests
16. Niedergang - Decline
17. Spaltung - Division
18. Unterdrückung - Oppression

Die Verschwörung des Claudius Civilis (69 n. Chr.)

1. Claudius Civilis und die Bataver

Claudius Civilis war ein prominenter Anführer der Bataver, eines Stammes, der im Römischen Reich für seine starken Kämpfer bekannt war. Ursprünglich war Civilis ein Verbündeter Roms und diente sogar in der römischen Armee, was die engen Beziehungen zwischen den Batavern und den Römern verdeutlicht. Im Laufe der Zeit wurden diese Beziehungen jedoch angespannter.

Die Bataver, obwohl für ihre Kampffähigkeiten bekannt, standen unter römischer Kontrolle, was zu wachsenden Spannungen führte. Streitigkeiten und Misshandlungen durch die römischen Behörden verursachten Unzufriedenheit unter den Batavern. Civilis erlebte diese Spannungen selbst, als er von den Römern unter dem Verdacht der Illoyalität verhaftet, aber später wieder freigelassen wurde. Dieser Vorfall trug wesentlich dazu bei, seinen Wunsch nach einer Rebellion zu wecken.

Civilis fühlte sich durch die Misshandlung seines Volkes inspiriert, erkannte die wachsende Unzufriedenheit unter ihnen und begann, eine Rebellion gegen die römische Herrschaft zu planen. Er hielt geheime Treffen mit Anführern anderer Stämme ab und legte damit den Grundstein für das, was kommen sollte. Diese Treffen waren entscheidend, um die Unterstützung verschiedener Stämme zu gewinnen, die ebenfalls mit der römischen Herrschaft unzufrieden waren.

Viele Stämme und Gruppen im Römischen Reich waren unzufrieden mit den hohen Anforderungen, die an sie gestellt wurden. Die Römer verlangten nicht nur hohe Steuern von diesen Stämmen, sondern auch Soldaten für ihre Armee. Dieser ständige Druck und die Nachfrage nach Ressourcen fachten das Feuer der Rebellion an.

Civilis, mit seinem militärischen Hintergrund, plante, die Römer mit Guerillataktiken zu bekämpfen. Diese Form der Kriegsführung, die auf Überraschungsangriffe und Hinterhalte setzte, kam den kriegerischen Fähigkeiten der Bataver sehr entgegen. Civilis begann, die Bataver und andere Stämme zu sammeln und ihre Freiheit von der römischen Herrschaft zu fordern. Sein Charisma und seine Führungsqualitäten trugen entscheidend dazu bei, die Stämme unter einer gemeinsamen Sache zu vereinen.

Der Beginn des Aufstands verlief zunächst ruhig, da Civilis und seine Anhänger ihre Pläne sorgfältig ausarbeiteten. Sie wussten, dass sie es mit einem mächtigen Imperium zu tun hatten und dass ihre Handlungen schwerwiegende Konsequenzen nach sich ziehen könnten. Doch der Wunsch nach Freiheit und Autonomie war stark, und die Bataver waren unter der Führung von Civilis bereit, für ihre Rechte und Unabhängigkeit zu kämpfen. Dies war der Beginn einer bedeutenden Rebellion gegen eines der mächtigsten Reiche der antiken Welt.

1. Anführer - Leader
2. Anforderungen - Demands/Requirements
3. Anhänger - Followers
4. Autonomie - Autonomy
5. Bataver - Batavians
6. Behörden - Authorities
7. Führungsqualitäten - Leadership qualities
8. Guerillataktiken - Guerrilla tactics
9. Herrschaft - Rule
10. Hinterhalte - Ambushes
11. Imperium - Empire
12. Kämpfer - Fighters
13. Kontrolle - Control
14. Misshandlungen - Mistreatments
15. Römer - Romans
16. Stämme - Tribes
17. Steuern - Taxes
18. Unzufriedenheit - Dissatisfaction

2. Die Rebellion entfaltet sich

Der von Claudius Civilis angeführte Aufstand begann mit strategischen Angriffen auf römische Ziele. Die kampferfahrenen Truppen von Civilis setzten Überraschungstaktiken ein, um die römischen Truppen wirksam herauszufordern. Diese Methode der Kriegsführung überraschte die Römer und führte zu frühen Siegen für Civilis und seine Truppen.

Als die Rebellion an Schwung gewann, schlossen sich andere Stämme, inspiriert von Civilis' Tapferkeit und Erfolg, den Batavern in ihrem Kampf gegen Rom an. Diese Einigkeit unter den Stämmen stärkte die Rebellion und machte sie zu einer beeindruckenden Kraft gegen das Römische Reich. Die wachsende Allianz der Stämme stellte eine große Herausforderung für die römische Autorität in der Region dar.

Das Römische Reich erkannte die Bedrohung durch die Rebellion von Civilis und entsandte Legionen, um sie zu unterdrücken. Eine der wichtigsten Schlachten in diesem Konflikt war die Rheinschlacht, die in der Nähe des strategisch wichtigen Flusses Rhein stattfand.

Trotz der Stärke der römischen Legionen errangen Civilis und seine Truppen mehrere frühe Siege. Diese Erfolge stärkten die Moral der Aufständischen und führten zu noch mehr Unterstützung durch die örtliche Bevölkerung. Der Aufstand breitete sich in der gesamten Region aus und signalisierte eine weit verbreitete Unzufriedenheit mit der römischen Herrschaft.

Rom stand vor erheblichen Herausforderungen beim Versuch, den Aufstand einzudämmen. Sie hatten es nicht nur mit geschickten Kriegern zu tun, die Guerillataktik anwandten, sondern auch mit logistischen Schwierigkeiten bei der Bewältigung eines so weitreichenden Konflikts. Die Ausbreitung der Rebellion über die gesamte Region und die Einnahme mehrerer römischer Festungen durch die Streitkräfte von Civilis erschwerten die militärische Reaktion der Römer.

Als sich weitere Stämme der Rebellion anschlossen, wurde sie immer stärker und umfangreicher. Dies zwang Rom, zusätzliche

Truppen und Ressourcen in die Region zu entsenden. In dem Konflikt kam es zu mehreren Belagerungen und Schlachten, als die römischen Streitkräfte versuchten, die Kontrolle wiederzuerlangen und den Aufstand zu unterdrücken.

Doch trotz der anfänglichen Erfolge von Civilis und seinen Verbündeten wendete sich das Blatt der Rebellion. Das Römische Reich mit seinen umfangreichen Ressourcen und seinem erfahrenen Militär begann, gegen die Rebellen zurückzuschlagen. Dieser Wendepunkt markierte eine Verschiebung des Konflikts, da Rom begann, eine effektivere Gegenoffensive gegen Civilis und seine Truppen zu starten.

Die Entwicklung der Rebellion zeigte den starken Wunsch der Stämme nach Unabhängigkeit und Widerstand gegen die römische Herrschaft. Sie machte auch deutlich, wie schwierig es für das Römische Reich war, die Kontrolle über seine riesigen Territorien zu behalten. Die Rebellion war zwar zunächst erfolgreich, sah sich aber schließlich der überwältigenden Macht und den Ressourcen eines der mächtigsten Reiche der antiken Welt gegenüber.

1. Allianz - Alliance
2. Angriffen - Attacks
3. Aufstand - Rebellion/Revolt
4. Autorität - Authority
5. Bedrohung - Threat
6. Belagerungen - Sieges
7. Bewältigung - Handling/Management
8. Einigkeit - Unity
9. Einschränken - Contain/Restrict
10. Einnahme - Capture/Taking
11. Erfolge - Successes
12. Festungen - Fortresses
13. Gegenoffensive - Counteroffensive
14. Herausforderungen - Challenges
15. Legionen - Legions
16. Ressourcen - Resources
17. Rheinschlacht - Battle of the Rhine

18. Schwung - Momentum
19. Siegen - Victories
20. Truppen - Troops

3. Das Ende des Aufstands und seine Folgen

Als der von Claudius Civilis angeführte Aufstand der Bataver seine kritische Phase erreichte, startete das Römische Reich eine große Gegenoffensive. Dies markierte eine bedeutende Wende im Konflikt, da die Römer begannen, die Kontrolle zurückzugewinnen. Angesichts der zunehmenden Stärke der römischen Antwort gerieten Civilis und seine Truppen in eine schwierige Lage und begannen, sich zurückzuziehen.

Während dieser Gegenoffensive gelang es den römischen Legionen, einen Großteil der verlorenen Gebiete zurückzuerobern. Die Gebiete, die unter der Kontrolle von Civilis und seinen Verbündeten gestanden hatten, wurden langsam, aber stetig von den römischen Truppen zurückerobert. Dieser allmähliche Verlust von Territorium und Unterstützung führte zu einer Schwächung der Rebellion. Der anfängliche Schwung, den Civilis aufgebaut hatte, begann zu schwinden, als die militärische Macht des Römischen Reiches die Rebellen zu überwältigen begann.

Das Schicksal von Claudius Civilis nach dem Ende des Aufstands ist in den historischen Aufzeichnungen nicht ganz klar. Bekannt ist jedoch, dass er mit den Römern verhandelte, als die Rebellion zu Ende ging. Diese Verhandlungen führten zu Friedensbedingungen, denen beide Seiten schließlich zustimmten. Die genaue Art dieser Bedingungen ist nicht vollständig dokumentiert, aber sie bewirkten, dass die Bataver wieder unter römische Herrschaft kamen.

Nach dem Aufstand nahm das Römische Reich einige Änderungen in seiner Politik gegenüber den Stämmen vor. Dazu gehörten wahrscheinlich mehr Respekt und Autonomie für die Bataver, die Anerkennung ihrer Kampffähigkeiten und die Notwendigkeit einer kooperativeren Beziehung. Der Aufstand und insbesondere die Rolle von Civilis hinterließen ein bleibendes

Erbe. Civilis gilt als Freiheitskämpfer und Symbol des Widerstands gegen die römische Herrschaft.

Die Römer entwickelten ihrerseits Respekt vor den batavischen Kämpfern. Sie erkannten ihre Tapferkeit und die Herausforderung, die sie während des Aufstands darstellten. Der Konflikt warf ein Licht auf mehrere Probleme innerhalb des Römischen Reiches, darunter die Herausforderungen der Herrschaft über unterschiedliche und weit entfernte Gebiete.

Als Reaktion auf diese Herausforderungen erfuhr das römische Militär einige Veränderungen. Diese Änderungen zielten darauf ab, ähnliche Rebellionen in der Zukunft zu verhindern und die Kontrolle des Reiches über seine Gebiete zu stärken. Die Rebellion hatte auch zur Folge, dass die Stämme, die sich unter Civilis zusammengeschlossen hatten, ein stärkeres Gefühl der Einheit entwickelten.

Der batavische Aufstand und seine letztendliche Niederschlagung spiegelten die Grenzen der römischen Macht wider. Er zeigte, dass das Römische Reich zwar mächtig war, seine Kontrolle über seine Territorien aber nicht absolut war und in Frage gestellt werden konnte. Der Aufstand von Civilis und den Batavern ist ein bedeutendes historisches Ereignis, das die Komplexität des Imperiums, des Widerstands und des Kampfes um Autonomie verdeutlicht.

1. Änderungen - Changes
2. Aufstand - Uprising/Revolt
3. Autonomie - Autonomy
4. Bataver - Batavians
5. Einheit - Unity
6. Erbe - Legacy
7. Gebiete - Territories/Areas
8. Gegenoffensive - Counteroffensive
9. Grenzen - Limits/Boundaries
10. Herausforderungen - Challenges
11. Herrschaft - Rule
12. Kampffähigkeiten - Fighting skills

Die Zanj-Rebellion (869-883 n. Chr.)

1. Ursprünge und Ursachen des Zanj-Aufstandes

Der Zanj-Aufstand, ein bedeutender Aufstand im 9. Jahrhundert, fand vor dem Hintergrund des Abbasiden-Kalifats, eines islamischen Großreichs, statt. Diese Zeit war durch wirtschaftliches Wachstum und kulturelle Entwicklung gekennzeichnet, aber auch durch weit verbreitete soziale Ungleichheiten.

Im Mittelpunkt der Rebellion standen die Zanj, versklavte Afrikaner, die in den Südirak, insbesondere in die Gegend um Basra, gebracht wurden, um dort unter harten Bedingungen zu arbeiten. Die Zanj wurden vor allem in den Salzsümpfen eingesetzt, wo sie unter extrem schwierigen und bedrückenden Bedingungen arbeiten mussten. Die Schwere ihrer Ausbeutung und die Entbehrungen, die sie ertragen mussten, trugen entscheidend dazu bei, ihren Wunsch nach Befreiung zu wecken.

Der Aufstand war nicht nur eine Reaktion auf die brutale Behandlung, sondern auch auf wirtschaftliche Missstände zurückzuführen. Die Zanj und andere Arbeiter der unteren Klassen wurden durch hohe Steuern und eine Wirtschaftspolitik belastet, die die Elite begünstigte, was zu weit verbreiteter Unzufriedenheit führte.

Im Abbasidenreich herrschte große soziale Ungleichheit mit einer deutlichen Kluft zwischen der wohlhabenden und mächtigen Elite und den unteren Klassen, einschließlich der Versklavten. Diese Ungleichheit war eine der treibenden Kräfte hinter der Rebellion, da sie Ressentiments und den Wunsch nach Veränderung schürte.

Unter den Zanj-Sklaven bildete sich eine Führungspersönlichkeit heraus, die begann, einen Aufstand zu organisieren und zu planen. Diese Führung war entscheidend, um die versklavten und unterdrückten Menschen zu vereinen und ihre Bemühungen auf ein gemeinsames Ziel zu richten.

Als die Planung der Rebellion voranschritt, gewannen die Zanj Unterstützung von anderen unterdrückten und marginalisierten Gruppen im Reich. Diese wachsende Unterstützung war ein Beweis für die weit verbreitete Unzufriedenheit unter verschiedenen gesellschaftlichen Gruppen.

Während diese Pläne geschmiedet wurden, kam es in der Region zunehmend zu Unruhen und Spannungen. Kleine Akte des Widerstands und des Trotzes durch die Zanj markierten den Beginn einer organisierten Opposition gegen die abbasidischen Behörden.

Als sich die Unzufriedenheit unter den versklavten und unterdrückten Bevölkerungsgruppen ausbreitete, wurde der Ruf nach Aktionen immer lauter. In dieser Zeit kam es zur Mobilisierung dieser Gruppen für einen groß angelegten Aufstand, der im offiziellen Beginn des Zanj-Aufstandes gipfelte.

Der Zanj-Aufstand war also das Ergebnis einer Kombination aus harter Behandlung der Sklaven, wirtschaftlicher und sozialer Ungleichheit und dem Aufkommen einer starken Führung unter den Unterdrückten. Er stellte eine bedeutende Herausforderung für das Kalifat der Abbasiden dar und war einer der bemerkenswertesten Sklavenaufstände der Geschichte.

1. Abbasiden - Abbasids
2. Akte - Acts
3. Aufkommen - Emergence
4. Aufstand - Uprising/Revolt
5. Befreiung - Liberation
6. Behandlung - Treatment
7. Bedrückenden - Oppressive
8. Bemerkenswertesten - Most notable
9. Bemühungen - Efforts
10. Elite - Elite
11. Entbehrungen - Deprivations
12. Führung - Leadership
13. Kalifat - Caliphate
14. Mobilisierung - Mobilization
15. Ressentiments - Resentments

16. Salzsümpfen - Salt marshes
17. Sklaven - Slaves
18. Unterdrückten - Oppressed
19. Unzufriedenheit - Dissatisfaction
20. Wirtschaftspolitik - Economic policy

2. Die Rebellion und ihr Verlauf

Die Zanj-Rebellion begann mit einer Reihe koordinierter Angriffe, die den Ausbruch der Rebellion markierten. Diese ersten Angriffe richteten sich strategisch gegen lokale Behörden und wichtige Infrastrukturpunkte und signalisierten das organisierte Vorgehen der Rebellen.

Die Zanj führten einen Guerillakrieg und nutzten Überraschungsangriffe sowie strategische Aktionen zu ihrem Vorteil. Diese Methode der Kriegsführung war besonders effektiv gegen die eher traditionell organisierten Streitkräfte des Abbasidenkalifats.

Mit Fortschreiten des Aufstands gelang es den Zanj, die Kontrolle über bedeutende Gebiete im Südirak zu erlangen. Sie eroberten wichtige Gebiete, die für die Ausbreitung und den Fortbestand der Rebellion entscheidend waren.

Die Zahl der Teilnehmer an der Rebellion wuchs, da sich immer mehr Sklaven und Arbeiter, inspiriert durch die ersten Erfolge der Zanj, dem Aufstand anschlossen. Dieser Zuwachs an Unterstützern trug zur Stärke und zum Einfluss des Aufstands bei.

Unter den Zanj-Rebellen bildete sich eine starke und effektive Führung heraus. Diese war für die Organisation der Rebellion, strategische Entscheidungen und die Aufrechterhaltung der Moral der Rebellen von zentraler Bedeutung.

Das Abbasiden-Kalifat, das zu dieser Zeit herrschende Reich, hatte Schwierigkeiten, effektiv auf den Aufstand zu reagieren. Das Ausmaß und die Art des Aufstands stellten eine erhebliche Herausforderung für die militärischen und administrativen Kapazitäten des Kalifats dar.

Der Konflikt zog sich über mehrere Jahre hinweg, was das Ausmaß und die Hartnäckigkeit der Rebellion verdeutlichte. Es handelte sich nicht um einen kurzlebigen Aufstand, sondern um einen langwierigen Kampf, der erhebliche Auswirkungen auf die Region hatte.

Während des Aufstands gelang es den Rebellen, mehrere wichtige Städte zu erobern. Diese Eroberungen brachten nicht nur strategische Vorteile, sondern symbolisierten auch die ernsthafte Herausforderung, die der Aufstand für die abbasidische Autorität darstellte.

Die wirtschaftlichen Auswirkungen der Rebellion waren erheblich. Die durch den Konflikt verursachten Störungen beeinträchtigten die regionale Wirtschaft und wirkten sich auf Handel, Landwirtschaft und andere wirtschaftliche Aktivitäten aus.

Die Zanj richteten in den von ihnen kontrollierten Gebieten ihre eigene Verwaltungsform ein. Diese Rebellenverwaltung zeigte die organisatorischen Fähigkeiten der Zanj und ihr Bestreben nach Selbstverwaltung.

Das Abbasiden-Kalifat startete mehrere militärische Kampagnen, um die Rebellion zu unterdrücken. Diese Feldzüge waren unterschiedlich erfolgreich und zeigten sowohl die militärische Macht des Kalifats als auch die Widerstandsfähigkeit der Rebellen.

Während der Rebellion gab es immer wieder Pattsituationen, in denen keine der beiden Seiten einen entscheidenden Sieg erringen konnte. Diese Pattsituationen waren ein Hinweis auf das Kräftegleichgewicht zwischen den Rebellen und den abbasidischen Streitkräften.

Trotz zahlreicher Herausforderungen zeigten die Zanj-Rebellen bemerkenswerte Widerstandsfähigkeit und Entschlossenheit. Ihr anhaltender Widerstand wurde zu einem Symbol für ihren Kampf um Freiheit und Rechte.

Während der Rebellion kam es zu wichtigen Schlachten und Wendepunkten. Diese Ereignisse waren entscheidend für den

Verlauf des Konflikts und hatten langfristige Auswirkungen sowohl auf die Rebellen als auch auf das Abbasiden-Kalifat.

Der Verlauf der Zanj-Rebellion veranschaulicht die bedeutenden und anhaltenden Bemühungen unterdrückter Gruppen, bestehende Machtstrukturen herauszufordern. Er zeigt die Komplexität historischer Konflikte und die Auswirkungen solcher Aufstände auf die soziale und politische Landschaft ihrer Zeit.

1. Abbasiden - Abbasids
2. Angriffe - Attacks
3. Aufrechterhaltung - Maintenance
4. Aufstand - Uprising/Revolt
5. Ausbreitung - Spread/Expansion
6. Ausmaß - Extent/Scale
7. Bemühungen - Efforts
8. Eroberungen - Conquests
9. Feldzüge - Campaigns
10. Fortschreiten - Progression
11. Gebiete - Areas/Territories
12. Guerillakrieg - Guerrilla warfare
13. Hartnäckigkeit - Tenacity/Persistence
14. Herausforderung - Challenge
15. Kampagnen - Campaigns
16. Kapazitäten - Capacities
17. Kontrolle - Control
18. Kräftegleichgewicht - Balance of power
19. Moral - Morale
20. Pattsituationen - Stalemates

3. Unterdrückung und Nachwehen

Das abbasidische Kalifat, das entschlossen war, den Zanj-Aufstand niederzuschlagen, verstärkte seine militärischen Anstrengungen. Dies markierte einen Wendepunkt im Konflikt, da sich die abbasidischen Streitkräfte darauf konzentrierten, den Aufstand endgültig zu beenden.

Im Laufe der Zeit begann die Rebellion zu schwinden. Angesichts des zunehmenden militärischen Drucks und der schwindenden Ressourcen wurden die Rebellen allmählich geschwächt. Diese Schwächung der rebellischen Kräfte war ein wesentlicher Faktor für die letztendliche Niederschlagung des Aufstands.

Ein entscheidender Schlag für die Rebellion war die Gefangennahme der wichtigsten Rebellenführer. Den abbasidischen Streitkräften gelang es, mehrere prominente Anführer des Aufstands gefangen zu nehmen, was eine demoralisierende Wirkung auf die Truppen der Rebellen hatte.

Letztendlich wurde der Zanj-Aufstand vom Kalifat der Abbasiden niedergeschlagen. Die langwierigen militärischen Kampagnen und strategischen Bemühungen der abbasidischen Streitkräfte führten zur Beendigung der Rebellion und zur Wiederherstellung ihrer Kontrolle über die Region.

Nach dem Aufstand führten die abbasidischen Behörden harte Repressalien gegen die Aufständischen durch. Zu diesen Repressalien gehörten Hinrichtungen, erneute Versklavung und Strafmaßnahmen gegen diejenigen, die an dem Aufstand teilgenommen oder ihn unterstützt hatten.

Nach der Niederschlagung der Rebellion bemühte sich das Abbasidenreich um die Wiederherstellung der Ordnung in der Region. Dazu gehörten die Wiederherstellung der administrativen Kontrolle und die Beseitigung der durch den lang anhaltenden Konflikt verursachten Störungen.

Die Auswirkungen auf die Zanj selbst waren verheerend. Viele wurden im Konflikt oder bei den darauf folgenden Repressalien getötet. Andere wurden zurückerobert und erneut versklavt, wobei sie noch härteren Bedingungen ausgesetzt waren als zuvor.

Der Aufstand hatte erhebliche langfristige wirtschaftliche Folgen für den Südirak. Die durch den jahrelangen Konflikt zerrüttete Wirtschaft der Region litt stark unter den Auswirkungen auf Landwirtschaft, Handel und Industrie.

Als Reaktion auf den Aufstand nahm das Abbasidenreich einige politische Veränderungen vor. Diese Änderungen zielten darauf ab, einige der Probleme anzugehen, die zu dem Aufstand geführt hatten, auch wenn sie in Bezug auf Wirksamkeit und Umfang variierten.

Die historische Bedeutung des Zanj-Aufstands liegt darin, dass er Fragen der Sklaverei und sozialen Ungerechtigkeit in den Vordergrund rückte. Er lenkte die Aufmerksamkeit auf die Bedingungen und Behandlung von versklavten Menschen im Abbasidenreich und in der gesamten islamischen Welt.

Das Vermächtnis des Zanj-Aufstands bleibt als bedeutender Sklavenaufstand in der Geschichte bestehen. Er wird wegen seines Ausmaßes, der Herausforderung, die er für das Kalifat der Abbasiden darstellte, und seiner Ursachen in Erinnerung bleiben.

Die Rebellion hatte auch kulturelle Auswirkungen. Sie beeinflusste die lokale Kultur und historische Erzählungen und trug zur historischen Identität der Region bei.

Der Zanj-Aufstand führte zu Überlegungen über das Wesen der Sklaverei und löste Diskussionen und Debatten über die moralischen, sozialen und wirtschaftlichen Aspekte der Versklavung aus.

Wissenschaftler und Historiker haben großes Interesse an der Zanj-Rebellion gezeigt. Sie war Gegenstand von Forschungen und Analysen und trug zu unserem Verständnis historischer Sklavenaufstände bei.

Aus heutiger Sicht wird der Aufstand aus verschiedenen Blickwinkeln betrachtet, unter anderem als Beispiel für Widerstand und Unterdrückung. Er bietet einen historischen Kontext für zeitgenössische Diskussionen über Sklaverei, Widerstand und den Kampf um Freiheit und Rechte.

1. Abbasiden - Abbasids
2. Anstrengungen - Efforts
3. Auswirkungen - Effects/Impacts

4. Behörden - Authorities
5. Beseitigung - Elimination
6. Diskussionen - Discussions
7. Folgen - Consequences
8. Gefangennahme - Capture
9. Handel - Trade
10. Hinrichtungen - Executions
11. Identität - Identity
12. Industrie - Industry
13. Kampagnen - Campaigns
14. Kontrolle - Control
15. Niedergeschlagen - Suppressed
16. Ordnung - Order
17. Repressalien - Repressions
18. Schwinden - Decline
19. Strategisch - Strategically
20. Wiederherstellung - Restoration

Die Schießpulververschwörung (1605)

1. Hintergrund der Pulververschwörung (Gunpowder Plot)

Im Jahr 1603 wurde König Jakob I. zum Herrscher von England gekrönt, einer Zeit, die von tiefen religiösen Spannungen zwischen Katholiken und Protestanten geprägt war. Die Katholiken in England sahen sich unter der protestantisch geführten Regierung mit harter Behandlung und Verfolgung konfrontiert. Sie hatten gehofft, dass König Jakob I., dessen Mutter katholisch war, toleranter sein und sie besser behandeln würde. Diese Hoffnungen wurden jedoch enttäuscht, da König Jakob I. den Protestantismus weiterhin bevorzugte und die katholische Bevölkerung weiterhin ausgrenzte.

Inmitten dieser Enttäuschung und Frustration begann eine Gruppe von Katholiken mit der Planung eines drastischen Plans. Der Anführer dieser Gruppe war Robert Catesby, ein charismatischer und engagierter Katholik. Catesby und seine Mitverschwörer schmiedeten einen kühnen Plan, um das Parlament während einer Sitzung in die Luft zu sprengen. Ihr Ziel war es, König Jakob I. und viele seiner protestantischen Regierungsmitglieder zu töten.

Eine der Schlüsselfiguren in diesem Komplott war Guy Fawkes, ein Sprengstoffexperte. Fawkes hatte die entscheidende Aufgabe, das Schießpulver zu handhaben, das für das Komplott verwendet werden sollte. Im Laufe der Zeit gelang es den Verschwörern, eine beträchtliche Menge an Schießpulver zu sammeln und in einem Keller unter dem Parlamentsgebäude zu lagern. Angesichts der erhöhten Sicherheitsvorkehrungen und der Notwendigkeit, den Plan geheim zu halten, war dies eine riskante und schwierige Aufgabe.

Die Verschwörer wählten den 5. November 1605 als Datum für ihr Komplott. Dieses Datum war von Bedeutung, da an diesem Tag die Parlamentseröffnung stattfinden sollte und sie wussten, dass König Jakob I. und viele andere wichtige Persönlichkeiten anwesend sein würden. Ihr Ziel war es, eine gewaltige Explosion auszulösen, bei der der König und viele seiner protestantischen

Lords getötet werden sollten, in der Hoffnung, dass diese Tat einen katholischen Aufstand in ganz England auslösen würde.

Als der 5. November näher rückte, trafen die Verschwörer ihre letzten Vorbereitungen. Sie wussten, dass das, was sie planten, äußerst gefährlich war und erhebliche Folgen haben würde. Trotz der Risiken waren sie entschlossen, ihren Plan durchzuziehen, angetrieben von ihrem Wunsch, die katholische Verfolgung zu beenden und die religiöse Landschaft Englands zu verändern. Die Bühne war bereitet für eine der berühmtesten Verschwörungen in der englischen Geschichte.

1. Anführer - Leader
2. Ausgrenzte - Excluded
3. Bevorzugte - Favored
4. Charismatischer - Charismatic
5. Enttäuschung - Disappointment
6. Explosion - Explosion
7. Frustration - Frustration
8. Gefährlich - Dangerous
9. Hoffnungen - Hopes
10. Katholiken - Catholics
11. Komplott - Plot
12. Mitverschwörer - Co-conspirators
13. Parlament - Parliament
14. Protestanten - Protestants
15. Regierung - Government
16. Religiöse - Religious
17. Schießpulver - Gunpowder
18. Sicherheitsvorkehrungen - Security measures
19. Sitzung - Session
20. Verfolgung - Persecution

2. Die Entdeckung des Komplotts

Die Pulververschwörung wurde aufgrund eines anonymen Briefes, der vor der drohenden Gefahr warnte, aufgedeckt. Dieser Brief, der eine entscheidende Rolle bei der Aufdeckung des Komplotts spielte, wurde an Lord Monteagle, einen katholischen Lord, geschickt. Als Lord Monteagle den Brief las, alarmierte er die Behörden, die daraufhin sofort eine Untersuchung einleiteten.

Die Behörden nahmen die Warnung ernst und führten eine gründliche Durchsuchung des Parlamentsgebäudes durch. Bei dieser Durchsuchung wurde Guy Fawkes entdeckt, als er das Schießpulver bewachte, das in einem Keller unter dem Gebäude gelagert war. Fawkes, der aufgrund seiner Kenntnisse in Sachen Sprengstoff ein wichtiges Mitglied der Verschwörung war, wurde sofort verhaftet.

Nach seiner Verhaftung wurde Guy Fawkes intensiv von den Männern des Königs verhört. Zunächst weigerte sich Fawkes, Auskunft zu geben, doch schließlich gestand er das Komplott. Er enthüllte den Plan, das Parlament in die Luft zu sprengen, und die Absicht, König James I. und andere Schlüsselfiguren der Regierung zu töten.

Nach dem Geständnis von Fawkes begann die Jagd auf die anderen Verschwörer. Die Behörden versuchten, alle an dem Komplott Beteiligten festzunehmen. Einige der Verschwörer, die erkannten, dass das Komplott aufgedeckt worden war, flohen aus London, um der Verhaftung zu entgehen.

Die Nachricht von der Pulververschwörung löste in ganz England einen großen Schock aus. Die Öffentlichkeit war fassungslos, als sie von einem so kühnen und gefährlichen Plan gegen die Regierung und den König erfuhr. König Jakob I. selbst reagierte auf die Entdeckung, indem er Gott für seine Sicherheit und die Verhinderung des Komplotts dankte.

Im Anschluss an die Entdeckung wurden weitere Durchsuchungen durchgeführt, um Mitverschwörer zu finden. Die Behörden waren entschlossen, alle Beteiligten zu fassen und zu bestrafen. Bei dieser Verfolgung wurde Robert Catesby, der

Anführer des Komplotts, getötet, als er sich der Verhaftung widersetzte.

Die übrigen Verschwörer wurden verhaftet und schließlich vor Gericht gestellt. Sie wurden wegen ihrer Beteiligung an dem Komplott des Hochverrats angeklagt. Die Prozesse standen im Mittelpunkt des öffentlichen Interesses, da die Pulververschwörung das Herz der englischen Regierung und das Leben des Königs bedrohte. Das rasche und entschlossene Handeln der Behörden bei der Aufdeckung der Pulververschwörung und der Reaktion darauf zeigte, wie ernst solche Bedrohungen im jakobinischen England genommen wurden.

1. Anklagt - Charged/Accused
2. Aufdeckung - Uncovering/Revelation
3. Behörden - Authorities
4. Beteiligten - Participants
5. Durchsuchung - Search
6. Entdeckung - Discovery
7. Enthüllte - Revealed
8. Fassungslos - Dumbfounded
9. Festzunehmen - To arrest
10. Gefahr - Danger
11. Geständnis - Confession
12. Hochverrats - High treason
13. Komplott - Plot/Conspiracy
14. Mitverschwörer - Co-conspirators
15. Öffentlichkeit - Public
16. Parlamentsgebäudes - Parliament building
17. Schock - Shock
18. Sprengstoff - Explosives
19. Verhört - Interrogated

3. Nachwirkungen und Vermächtnis

Nach der Entdeckung der Pulververschwörung wurden die gefangenen Verschwörer hart bestraft. Sie wurden wegen Hochverrats hingerichtet, ein Verbrechen, das als eines der abscheulichsten gegen den Staat galt. Die Hinrichtungen wurden zu öffentlichen Ereignissen und dienten als Warnung für andere, die ähnliche Aktionen gegen die Regierung in Erwägung ziehen könnten.

Nach der Verschwörung kam es zu einer verstärkten Verfolgung von Katholiken in England. Schärfere Gesetze wurden erlassen, die Katholiken weiter ausgrenzten. Diese Zeit war von einer Zunahme religiöser Diskriminierung geprägt, und Katholiken sahen sich vermehrter Überwachung und Misstrauen ausgesetzt.

Das Überleben von König Jakob I. und das Scheitern der Pulververschwörung wurden von vielen als göttliches Eingreifen angesehen. Infolgedessen wurde die Herrschaft von König Jakob gestärkt, und der König wurde als von göttlicher Vorsehung beschützt wahrgenommen. Dies stärkte seinen Status und seine Autorität.

Der 5. November, der Tag, an dem die Pulververschwörung stattfinden sollte, wurde zu einem jährlichen Gedenktag. Man erinnerte an den Tag, an dem der Plan, das Parlament zu sprengen, vereitelt wurde. Traditionell wurden Freudenfeuer entzündet und Bildnisse von Guy Fawkes, genannt "Guy", verbrannt, um die Vereitelung des Komplotts zu symbolisieren.

Die Pulververschwörung hatte einen bedeutenden kulturellen Einfluss und wurde Teil der englischen Folklore. Sie beflügelte die Phantasie der Öffentlichkeit und wurde über Generationen hinweg weitergegeben. Das Überleben des Parlaments galt als Symbol für die Widerstandsfähigkeit der englischen Regierung und ihrer Institutionen.

Die katholische Gemeinschaft wurde durch das Komplott weiter marginalisiert. Sie wurden mit zunehmendem Misstrauen betrachtet und oft fälschlicherweise mit verräterischen Aktivitäten in Verbindung gebracht, was zu sozialer und politischer Isolation führte.

Als Reaktion auf den Anschlag wurden die Sicherheitsmaßnahmen im und um das Parlament verschärft, um ähnliche Versuche in Zukunft zu verhindern und die Sicherheit der Regierung und des Monarchen zu gewährleisten.

Die historischen Debatten über die Pulververschwörung und ihre Rechtfertigung dauern bis heute an. Einige sehen sie als Verzweiflungstat einer verfolgten Minderheit, andere als unverzeihlichen terroristischen Akt.

Guy Fawkes, eine der Schlüsselfiguren der Verschwörung, wurde zu einer ikonischen Figur. Sein Bild, insbesondere die von seinem Konterfei inspirierte Maske, wird in verschiedenen Formen der Literatur, Kunst und modernen Medien verwendet und steht oft für den Widerstand gegen Tyrannei.

Die Pulververschwörung hat in der Literatur ein Vermächtnis hinterlassen, das Werke verschiedener Genres inspiriert hat. Sie wird auch in der modernen Kultur und in den Medien thematisiert, was ihren nachhaltigen Einfluss auf die Gesellschaft zeigt.

Schließlich dient die Pulververschwörung oft als Lehrstück über Extremismus und die Gefahren radikaler Handlungen. Sie ist ein historisches Beispiel dafür, wie extreme Überzeugungen und Handlungen zu Gewalt führen und weitreichende Folgen haben können. Das Komplott und seine Folgen sind nach wie vor relevant für Diskussionen über religiöse Toleranz, staatliche Sicherheit und die Auswirkungen von Extremismus auf die Gesellschaft.

1. Abscheulichsten - Most atrocious
2. Anschlag - Attack
3. Ausgrenzten - Excluded
4. Autorität - Authority
5. Debatten - Debates
6. Diskriminierung - Discrimination
7. Eingreifen - Intervention
8. Ereignissen - Events

9. Extremismus - Extremism
10. Folklore - Folklore
11. Gefangenen - Captives/Prisoners
12. Gedenktag - Commemoration day
13. Gesetze - Laws
14. Herrschaft - Reign
15. Hinrichtungen - Executions
16. Isolation - Isolation
17. Katholiken - Catholics
18. Misstrauen - Mistrust/Suspicion
19. Phantasie - Imagination
20. Sicherheitsmaßnahmen - Security measures

Das Babington-Komplott (1586)

1. Hintergrund des Babington- Komplotts

Im späten 16. Jahrhundert wurde England von Königin Elisabeth I., einer protestantischen Monarchin, regiert. Dies war eine Zeit großer religiöser Unterschiede und anhaltender Spannungen zwischen Katholiken und Protestanten. Elisabeths Cousine, Maria, Königin der Schotten, war eine katholische Anwärterin auf den englischen Thron. Marias Anwesenheit in England und ihr katholischer Glaube machten sie zu einer zentralen Figur in diesen religiösen Konflikten.

Maria war 19 Jahre lang von Elisabeth gefangen gehalten worden, was sich erheblich auf die politische Landschaft auswirkte. Trotz ihrer Gefangenschaft wurde Maria von vielen englischen Katholiken als Aushängeschild betrachtet und als rechtmäßige Monarchin angesehen. Ihr Status machte sie zum Ziel verschiedener katholischer Verschwörungen gegen die Herrschaft von Elisabeth.

Ein junger katholischer Adliger, Anthony Babington, wurde in ein solches Komplott verwickelt. Babington, stark von der katholischen Sache beeinflusst, plante ein Attentat auf Königin Elisabeth. Das Ziel dieses Komplotts war nicht nur die Ermordung, sondern auch die Einsetzung von Maria, der Königin von Schottland, auf dem englischen Thron und damit die Wiederherstellung eines katholischen Monarchen.

Um das Komplott zu koordinieren, wurden geheime Nachrichten zwischen Maria und den Verschwörern ausgetauscht. Diese Mitteilungen waren für die Planung des Attentats und des anschließenden Aufstands entscheidend. Um die Geheimhaltung zu wahren und eine Entdeckung zu vermeiden, wurden die Briefe in Chiffren geschrieben, um den wahren Inhalt der Botschaften zu verbergen.

Babington rekrutierte sechs Männer, die das Attentat auf Königin Elisabeth ausführen sollten. Diese Gruppe spielte eine zentrale Rolle bei der Ausführung des Komplotts. Die Regierung, insbesondere der Geheimdienst von Elisabeth, war jedoch bereits über mögliche katholische Komplotte gegen die Königin informiert.

Sir Francis Walsingham, der Spionagebeauftragte von Elisabeth, spielte eine Schlüsselrolle bei der Aufdeckung des Babington-Komplotts. Er verfügte über ein Netz von Spionen, deren Aufgabe es war, jegliche Kommunikation zu überwachen und abzufangen, die eine Bedrohung für die Königin darstellen könnte.

Schließlich fingen Walsinghams Spione die Briefe ab, die zwischen Maria und den Verschwörern ausgetauscht wurden. Diese abgefangenen Briefe wurden entschlüsselt und enthüllten die Details des Komplotts. Die in den entschlüsselten Briefen gefundenen Beweise lieferten den Beweis für die Verschwörung, bestätigten den Verdacht der Regierung und führten zu einem entschiedenen Vorgehen gegen die Verschwörer.

Die Aufdeckung des Babington-Komplotts war ein bedeutender Moment in der englischen Geschichte, der das komplexe Zusammenspiel von Politik, Religion und Spionage im elisabethanischen England verdeutlichte. Die Aufdeckung des Komplotts hatte weitreichende Folgen für alle Beteiligten, insbesondere für Maria, Königin der Schotten, und vertiefte die religiöse Spaltung Englands weiter.

1. Abgefangen - Intercepted
2. Attentat - Assassination
3. Babington - Babington (a proper name, not translated)
4. Beteiligten - Participants
5. Briefe - Letters
6. Chiffren - Ciphers
7. Ermordung - Assassination/Murder
8. Geheimdienst - Secret Service/Intelligence Service
9. Geheime - Secret
10. Gefangen - Captive
11. Katholiken - Catholics
12. Komplott - Plot/Conspiracy
13. Konflikten - Conflicts

14. Monarchin - Monarch
15. Nachrichten - Messages
16. Politische - Political
17. Protestanten - Protestants
18. Spionage - Espionage
19. Verschwörungen - Conspiracies

2. Die Entfaltung des Komplotts

Als sich das Babington-Komplott entwickelte, übermittelte Anthony Babington in Briefen detaillierte Pläne zur Durchführung der Ermordung von Königin Elisabeth I. Diese Briefe waren entscheidend für die Koordinierung der Aktionen der Verschwörer. Maria, die Königin der Schotten, die eine zentrale Rolle in dem Komplott spielte, stimmte dem Plan in ihren Antworten auf diese Briefe zu. Ihre Beteiligung war von großer Bedeutung, da sie der Verschwörung einen potenziellen Thronfolger bescherte.

Sir Francis Walsingham, der Spionagebeauftragte von Königin Elisabeth I., hatte ein umfangreiches Überwachungsnetz aufgebaut. Seine Spione überwachten aktiv die Aktivitäten der Verschwörer. Diese Überwachung war der Schlüssel zur letztendlichen Entdeckung und Vereitelung des Komplotts.

Entscheidend für die Aufdeckung des Komplotts war die Entzifferung der zwischen Maria und den Verschwörern ausgetauschten Nachrichten. Experten für Kryptographie arbeiteten unermüdlich an der Entschlüsselung der verschlüsselten Briefe, die die detaillierten Pläne für das Attentat und den anschließenden Aufstand enthüllten.

Als die Beweise für die Verschwörung immer deutlicher wurden, begannen die Verhaftungen der Verschwörer. Die Verschwörer, darunter Babington, wurden einer nach dem anderen verhaftet. Babington selbst wurde von Walsinghams Männern gefangen genommen, was einen bedeutenden Durchbruch bei der Unterbindung der Verschwörung bedeutete.

Walsingham und sein Team sammelten Beweise für den Prozess gegen die Verschwörer. Diese Beweise waren entscheidend, um die Beteiligung der Angeklagten an dem Komplott zu beweisen. Die Nachricht von dem Komplott löste in der Öffentlichkeit Empörung aus. Die Vorstellung, dass es einen Plan gab, die Königin zu ermorden und die Regierung zu stürzen, schockierte die Öffentlichkeit zutiefst.

Der Prozess gegen die Verschwörer war ein Ereignis von großer Tragweite. Sie wurden wegen Hochverrats angeklagt, einem Verbrechen, das mit den schwersten Strafen geahndet wurde. Unter dem Druck des Prozesses gestanden einige der Verschwörer ihre Beteiligung an dem Komplott. Diese Geständnisse lieferten direkte Beweise für die Verschwörung.

Nach dem Prozess wurden die Verschwörer, darunter auch Babington, hingerichtet. Diese Hinrichtungen wurden öffentlich vollzogen und dienten als Warnung für andere, die ähnliche verräterische Aktivitäten in Betracht ziehen könnten. Die Hinrichtung der Verschwörer bedeutete das Ende der unmittelbaren Bedrohung für Königin Elisabeth I.

Die Verwicklung von Maria, Königin der Schotten, in das Komplott führte zu einer hitzigen Debatte über ihr Schicksal. Ihre Zustimmung zu dem Komplott wurde in ihren Antworten als Mitschuld am Attentat gewertet. Infolge des Komplotts wurden die Sicherheitsvorkehrungen um Königin Elisabeth I. erheblich verschärft, um weitere Attentatsversuche zu verhindern.

Die katholische Gemeinschaft sah sich in der Folge des Komplotts verstärktem Misstrauen und genauerer Prüfung ausgesetzt. Das Babington-Komplott hatte erhebliche politische Auswirkungen. Es verdeutlichte nicht nur die religiösen und politischen Spannungen der damaligen Zeit, sondern wirkte sich auch auf das Machtgleichgewicht und die Wahrnehmung der Monarchie aus. Das Komplott und seine Niederschlagung stärkten die Autorität von Königin Elisabeth I. und führten zu einer weiteren Ausgrenzung der Katholiken in England.

1. Angeklagten - Accused/Defendants
2. Attentat - Assassination

3. Ausgesetzt - Exposed/Faced
4. Auswirkungen - Effects/Impacts
5. Beteiligung - Participation
6. Durchbruch - Breakthrough
7. Entschlüsselung - Decryption
8. Entzifferung - Deciphering
9. Ereignis - Event
10. Gefangen - Captured
11. Geständnisse - Confessions
12. Hochverrats - High treason
13. Kryptographie - Cryptography
14. Misstrauen - Mistrust
15. Öffentlichkeit - Public
16. Prozess - Trial
17. Schicksal - Fate
18. Sicherheitsvorkehrungen - Security measures
19. Überwachungsnetz - Surveillance network

3. Nachwirkungen und Vermächtnis

Nach dem Babington-Komplott musste Maria, Königin der Schotten, mit ernsten Konsequenzen rechnen. Sie wurde wegen ihrer Beteiligung an dem Komplott gegen Königin Elisabeth I. vor Gericht gestellt. Trotz ihres königlichen Status wurde sie des Hochverrats für schuldig befunden und hingerichtet. Dies war ein bedeutender Moment in der englischen Geschichte, da die Hinrichtung eines Monarchen selten vorkam.

Die erfolgreiche Vereitelung des Komplotts und die Hinrichtung von Maria, der Königin der Schotten, führten zu einer Stärkung der Autorität von Königin Elisabeth I. Ihre Position als starke und weise Herrscherin wurde in den Augen ihrer Untertanen und der Welt gefestigt. Dieses Ereignis stärkte ihren Status als mächtige Monarchin, die fähig war, entschlossen mit Bedrohungen ihrer Herrschaft umzugehen.

Die Folgen des Komplotts hatten tiefgreifende Auswirkungen auf den Katholizismus in England. Die Regierung verhängte härtere Maßnahmen gegen Katholiken, was zu einer verstärkten

Verfolgung und Ausgrenzung führte. In dieser Zeit wurden die Gesetze gegen Katholiken verschärft, sodass es für sie schwieriger wurde, ihre Religion frei auszuüben.

Die Hinrichtung von Maria, der Königin der Schotten, wirkte sich auch auf die internationalen Beziehungen aus, insbesondere zu den katholischen Ländern in Europa. Sie führte zu Spannungen, da viele katholische Länder Maria als legitime katholische Monarchin ansahen, die zu Unrecht hingerichtet worden war.

Die historische Debatte über die Legitimität des Komplotts und die Hinrichtung von Maria, Königin der Schotten, dauert bis heute an. Einige sehen Maria als Märtyrerin, die wegen ihres Glaubens und ihrer königlichen Abstammung zu Unrecht verfolgt wurde, während andere ihre Hinrichtung als notwendigen Akt zum Schutz des englischen Throns betrachten.

Das Vermächtnis Marias ist komplex. Manche sehen in ihr eine Märtyrerin, die für ihren Glauben und ihren Anspruch auf den Thron starb. Diese Sichtweise hat dazu beigetragen, dass sie zu einer Symbolfigur der Geschichte geworden ist.

Das Babington-Komplott führte zu einer Stärkung der Spionagetechniken in England. Die erfolgreiche Aufdeckung des Komplotts durch Sir Francis Walsingham bewies die Wirksamkeit der Spionage, die zu einem immer wichtigeren Instrument zur Aufrechterhaltung der nationalen Sicherheit wurde.

Die Handlung und ihre dramatische Entfaltung haben im Laufe der Jahre verschiedene Werke der Kunst und Literatur inspiriert. Sie ist mit Geschichten und Darstellungen in Theaterstücken, Romanen und Filmen zu einem Teil des englischen Kulturerbes geworden.

Jedes Jahr wird dem Babington-Komplott durch Gedenkfeiern und Erzählungen gedacht, um an diesen entscheidenden Moment in der englischen Geschichte zu erinnern.

Die Handlung warf wichtige Fragen zur königlichen Nachfolge, zur Legitimität von Herrschern und zu den Möglichkeiten auf, die Einzelne haben, um den Thron anzufechten oder zu schützen.

Sie wurde auch als Lektion über die Gefahren des Verrats und die schwerwiegenden Folgen des Verrats an der Krone verwendet.

Anthony Babington wird trotz seiner Rolle in der Handlung von manchen als tragische Figur angesehen, die von ihren Überzeugungen getrieben wurde und schließlich den höchsten Preis dafür zahlte.

Schließlich dient das Babington-Komplott auch als Reflexion über die Gefahren religiöser Konflikte. Sie verdeutlicht, wie religiöse Konflikte zu extremen Handlungen führen und dauerhafte Folgen für die Geschichte und Identität einer Nation haben können.

1. Abstammung - Lineage/Descent
2. Anfechten - To challenge
3. Ausgrenzung - Exclusion
4. Babington - Babington (a proper name, not translated)
5. Befunden - Found (as in verdict)
6. Betrachten - To consider/view
7. Debatte - Debate
8. Entfaltung - Unfolding
9. Erzählungen - Narratives/Stories
10. Gedenkfeiern - Commemorative celebrations
11. Handlung - Action/Plot
12. Hinrichtung - Execution
13. Katholizismus - Catholicism
14. Komplotts - Plots/Conspiracies
15. Legitimität - Legitimacy
16. Märtyrerin - Martyr (female)
17. Position - Position/Status
18. Spionagetechniken - Espionage techniques
19. Verfolgung - Persecution
20. Verrats - Betrayal/Treason

Die Verschwörung der Sklaven (1749)

1. Hintergrund der Verschwörung der Sklaven

Im 18. Jahrhundert war Malta eine strategisch wichtige Insel im Mittelmeer, die von den Johanniterrittern beherrscht wurde. In dieser Zeit herrschte auf der Insel Sklaverei, und die versklavten Menschen stammten vor allem aus Nordafrika und dem Osmanischen Reich.

Die Aufgaben dieser Sklaven auf Malta waren vielfältig. Viele arbeiteten in anspruchsvollen Bereichen wie dem Baugewerbe und dem Rudern von Galeeren. Insbesondere die Galeeren waren für die Seemacht der Johanniterritter von zentraler Bedeutung. Sklaven spielten eine entscheidende Rolle bei der Aufrechterhaltung dieses Aspekts von Maltas Verteidigung und Wirtschaft. Viele von ihnen waren gefangene muslimische Piraten, die in Nordafrika europäische Schiffe überfallen und Europäer in die Sklaverei verkauft hatten.

Die Bedingungen, unter denen diese Sklaven lebten und arbeiteten, waren jedoch äußerst hart. Sie mussten unter schweren Lebensbedingungen leben, hart arbeiten und wurden oft brutal behandelt. Diese Misshandlungen führten zu wachsender Unzufriedenheit unter der Sklavenbevölkerung. Die harte Realität ihres täglichen Lebens nährte den Wunsch nach Veränderung und Freiheit.

Inmitten dieser wachsenden Unzufriedenheit begann eine Gruppe von Sklaven, heimlich einen Aufstand zu planen. Dieser Plan war kein spontaner Akt, sondern eine sorgfältig durchdachte Reaktion auf ihre Situation. Unter den Sklaven bildeten sich Führungspersönlichkeiten heraus, die den geplanten Aufstand organisierten und leiteten.

Das Ziel dieser Verschwörung war klar: Sie wollten ihre Herren stürzen und die Freiheit erlangen. Die Sklaven wollten nicht nur ihrem unmittelbaren Leid entkommen, sondern auch ihren Status von versklavten zu freien Menschen grundlegend ändern.

Zur Planung des Aufstands wurden verdeckte Treffen abgehalten. Diese Treffen waren entscheidend für die Strategie, die Organisation und die Wahrung der Geheimhaltung, die für den Erfolg des Aufstands notwendig war.

Die Rekrutierung weiterer Sklaven für die Verschwörung war ein schrittweiser Prozess. Es ging darum, andere zu überzeugen, sich der Sache anzuschließen und ihr Leben für die Möglichkeit der Freiheit zu riskieren. Dieser Rekrutierungsprozess vergrößerte das Ausmaß der Verschwörung und machte sie zu einer erheblichen Bedrohung für die bestehende Ordnung.

An der Rebellion waren Sklaven verschiedener Ethnien beteiligt, was eine Reihe von Herausforderungen mit sich brachte, darunter die Überwindung von Sprachbarrieren. Die Vielfalt der Teilnehmer spiegelte auch die weit verbreitete Unzufriedenheit unter der Sklavenbevölkerung auf Malta wider.

Ein wesentlicher Teil der Vorbereitungen für den Aufstand war die Beschaffung von Waffen und anderen notwendigen Materialien. Diese Vorbereitungen erfolgten diskret, um eine frühzeitige Entdeckung durch die Behörden zu vermeiden.

Je weiter die Pläne voranschritten, desto größer wurden die Vorfreude und die Spannung unter den Verschwörern. Das Risiko, entdeckt zu werden, war groß, und die Folgen eines Scheiterns wären schwerwiegend.

Schließlich wurde ein bestimmtes Datum für den Beginn der Rebellion festgelegt. Dieses Datum sollte den Beginn dessen markieren, was die Sklaven als erfolgreichen Aufstand gegen ihre Unterdrücker erhofften, einen bedeutenden Schritt in ihrem Streben nach Freiheit und ein wichtiges Ereignis in der Geschichte Maltas.

1. Aufrechterhaltung - Maintenance
2. Aufstand - Uprising/Revolt
3. Baugewerbe - Construction industry
4. Behandelt - Treated
5. Beschaffung - Procurement

6. Bestimmtes - Specific
7. Brutal - Brutal
8. Diskret - Discreet
9. Entdeckung - Discovery
10. Erfolg - Success
11. Ethnien - Ethnicities
12. Führungspersönlichkeiten - Leadership figures
13. Galeeren - Galleys
14. Geheimhaltung - Secrecy
15. Herren - Masters
16. Johanniterritter - Knights Hospitaller
17. Lebensbedingungen - Living conditions
18. Organisation - Organization
19. Rekrutierung - Recruitment
20. Verschwörung - Conspiracy

2. Die Aufdeckung und Unterdrückung der Verschwörung

Die Verschwörung der Sklaven, eine geheime Verschwörung für die Freiheit, wurde leider entdeckt, bevor sie durchgeführt werden konnte. Die Aufdeckung des Komplotts war vor allem auf die Rolle eines Informanten unter den Sklaven zurückzuführen, der den Behörden den geplanten Aufstand verriet.

Die Ritter des Johanniterordens, die zu dieser Zeit Malta regierten, reagierten schnell, um die Verschwörung zu unterdrücken. Sie erkannten die Bedrohung für ihre Herrschaft und die Stabilität der Insel und handelten schnell, um das Komplott zu zerschlagen.

Nach der Entdeckung kam es zu Massenverhaftungen von Sklaven. Jeder, der verdächtigt wurde, an der Verschwörung beteiligt zu sein, wurde verhaftet. Dies führte dazu, dass viele Sklaven in Gewahrsam genommen wurden, unabhängig von ihrer tatsächlichen Beteiligung an der Verschwörung.

Die Behörden führten intensive Verhöre durch, um alle Details der Verschwörung aufzudecken. Ziel dieser Verhöre war es, alle Beteiligten zu identifizieren und das Ausmaß der geplanten Rebellion zu verstehen.

Die Enthüllung des Komplotts löste bei den Sklavenhaltern auf der Insel Angst und Paranoia aus. Sie wurden sich der Unzufriedenheit unter ihren Sklaven und des Potenzials für eine Revolte bewusst.

Infolge des Komplotts wurden die Sicherheitsmaßnahmen auf Malta verschärft. Die Ritter erhöhten ihre Wachsamkeit, um zukünftige Rebellionsversuche zu verhindern.

Gegen die der Beteiligung an der Verschwörung Beschuldigten wurden Prozesse geführt. Diese Prozesse waren entscheidend für das Schicksal der Angeklagten und ein wichtiger Aspekt der Unterdrückungsmaßnahmen.

Die für schuldig befundenen Personen wurden hart bestraft und sogar hingerichtet. Diese harten Strafen dienten der Abschreckung und sollten künftige Rebellionen verhindern.

Einige der Hinrichtungen wurden öffentlich vollzogen. Diese öffentlichen Hinrichtungen waren nicht nur eine Form der Bestrafung, sondern auch eine Warnung an andere vor den Folgen einer Rebellion gegen die herrschenden Behörden.

Die Niederschlagung der Verschwörung hatte erhebliche Auswirkungen auf die Sklavenbevölkerung auf Malta. Es war ein demoralisierendes Ereignis, das die Hoffnung auf Freiheit zerstörte und die Realität ihrer Versklavung verstärkte.

Nach der Verschwörung wurden die Vorschriften für die Sklaverei auf Malta verschärft. Strengere Regeln und härtere Bedingungen wurden den Sklaven auferlegt, um zukünftige Verschwörungen zu verhindern.

Die Überwachung der Aktivitäten der Sklaven wurde verstärkt. Die Behörden waren bestrebt, die Sklaven genau zu überwachen, um jegliche Anzeichen von Unruhe oder Rebellion schnell zu erkennen.

Die Einzelheiten der Sklavenverschwörung wurden in historischen Aufzeichnungen dokumentiert. Diese Aufzeichnungen bieten Einblicke in die Ereignisse der Verschwörung, die Reaktion der Behörden und den allgemeinen

Kontext der Sklaverei auf Malta im 18. Jahrhundert. Obwohl die Verschwörung nicht erfolgreich war, bleibt sie ein bedeutendes Ereignis in der Geschichte Maltas und ist ein Zeugnis für den anhaltenden menschlichen Wunsch nach Freiheit und Widerstand gegen Unterdrückung.

1. Angeklagten - Accused
2. Aufdeckung - Uncovering/Revelation
3. Aufgezeichnet - Recorded/Documented
4. Aufzeichnungen - Records
5. Behörden - Authorities
6. Beteiligung - Participation
7. Beschuldigten - Accused
8. Bestraft - Punished
9. Demoralisierendes - Demoralizing
10. Enthüllung - Disclosure/Revelation
11. Gewahrsam - Custody
12. Hinrichtungen - Executions
13. Informanten - Informants
14. Komplotts - Plots/Conspiracies
15. Massenverhaftungen - Mass Arrests
16. Niederschlagung - Suppression
17. Paranoia - Paranoia
18. Prozesse - Trials
19. Sklavenhaltern - Slaveholders
20. Unruhe - Unrest/Turmoil

3. Nachwirkungen und Vermächtnis

Die Sklavenverschwörung von 1749, ein bedeutendes Ereignis in der maltesischen Geschichte, hat die kulturelle und historische Landschaft der Insel nachhaltig geprägt. Obwohl der Aufstand letztlich niedergeschlagen wurde, wirkte er weit über seine unmittelbaren Folgen hinaus.

In den Jahren nach der Verschwörung schärfte sich das Bewusstsein für die Problematik der Sklaverei auf Malta. Die harte Realität und die Kämpfe, die die Sklaven erdulden mussten, wurden stärker wahrgenommen. Dies führte zu Diskussionen und Überlegungen über das Wesen der Sklaverei und die Lebensbedingungen der Sklaven.

Die Verschwörung selbst wurde zu einem festen Bestandteil des kulturellen Gedächtnisses Maltas. Sie wurde zu einem Symbol des Widerstands gegen Unterdrückung und stellt einen entscheidenden Moment in der Vergangenheit der Insel dar. Dieses Ereignis wird heute als ein bedeutendes Kapitel in der maltesischen Geschichte anerkannt, besonders im Kontext von Sklaverei und Widerstand.

Der gescheiterte Aufstand führte auch zu Veränderungen in der Behandlung der Sklaven. Während die unmittelbare Reaktion verstärkte Repression und strengere Kontrolle beinhaltete, kam es mit der Zeit zu einem allmählichen Wandel in der Haltung und Politik gegenüber der Sklaverei. Dieser Wandel wurde teilweise durch das gestiegene Bewusstsein und die moralischen Fragen beeinflusst, die der Aufstand aufwarf.

In Malta wird der Verschwörung der Sklaven auf verschiedene Weise gedacht. Sie dient als Erinnerung an die komplexe Geschichte der Insel und den fortwährenden Kampf der Menschen um Freiheit und Würde. In Bildungsmaterialien zur maltesischen Geschichte wird dieses Ereignis häufig erwähnt, um seine Bedeutung und die daraus zu ziehenden Lehren hervorzuheben.

Heute wird die Verschwörung als eine bedeutende Anti-Sklaverei-Bewegung betrachtet. Sie ist ein Zeugnis für die Unbeugsamkeit und den Mut derjenigen, die es wagten, sich trotz enormer Widerstände gegen ihre Unterdrücker zu stellen.

Das Ereignis hat auch die Kunst und Literatur beeinflusst und zu Werken inspiriert, die Themen wie Widerstand, Kampf und das Streben nach Freiheit widerspiegeln. Künstler und Schriftsteller haben sich auf die Geschichte der Verschwörung gestützt, um allgemeinere Themen wie Menschenrechte, Menschenwürde und den Kampf gegen Unterdrückung zu behandeln.

Insgesamt bleibt die Verschwörung der Sklaven eine ergreifende Reflexion über die Geschichte Maltas. Sie verkörpert die Komplexität der Menschenrechte, den Kampf um Freiheit und die Widerstandsfähigkeit des menschlichen Geistes im Angesicht von Widrigkeiten.

1. Anti-Sklaverei-Bewegung - Anti-Slavery Movement
2. Aufstand - Uprising/Revolt
3. Behandlung - Treatment
4. Bewusstsein - Awareness
5. Diskussionen - Discussions
6. Ereignis - Event
7. Fortwährenden - Ongoing/Continual
8. Geschichte - History
9. Kämpfe - Struggles
10. Kontrolle - Control
11. Künstler - Artists
12. Landschaft - Landscape
13. Lehren - Lessons
14. Literatur - Literature
15. Repression - Repression
16. Sklavenverschwörung - Slave Conspiracy
17. Unbeugsamkeit - Defiance/Resilience
18. Unterdrücker - Oppressors
19. Wandel - Change
20. Widerstand - Resistance

Die Newburgh-Verschwörung (1783)

1. Hintergrund der Newburgh-Verschwörung

Während des Amerikanischen Unabhängigkeitskriegs, einem bedeutenden Konflikt zwischen den amerikanischen Kolonien und Großbritannien, entwickelte sich die Kontinentalarmee zur wichtigsten Kampftruppe der Kolonien. Mit Fortschreiten des Krieges geriet der Kontinentalkongress, der die Kolonien regierte, zunehmend in finanzielle Schwierigkeiten und hatte Mühe, die Löhne und Renten der Armee zu zahlen. Diese Situation führte zu wachsender Unzufriedenheit unter den Soldaten, die über ihre nicht gezahlten Gehälter und unsichere Renten frustriert waren.

Die Ungewissheit darüber, was mit den Soldaten nach dem Krieg geschehen würde, trug zu ihren Sorgen bei. Viele Soldaten und Offiziere der Kontinentalarmee waren besorgt um ihre Zukunft nach dem Kriegsende. Vor allem die Offiziere sorgten sich um die Entschädigung für ihren Dienst und die Anerkennung ihrer Opfer.

Inmitten dieser Spannungen begannen die Offiziere zu diskutieren, ob sie gegen ihre Missstände vorgehen sollten. Dies führte zur Bildung der sogenannten Newburgh-Verschwörung. Anonyme Briefe begannen zu kursieren, in denen zu Protesten und Maßnahmen gegen die empfundene Vernachlässigung aufgerufen wurde. In diesen Briefen wurde zu einem Treffen aufgerufen, um die Missstände in der Armee zu besprechen und mögliche Lösungen zu erörtern.

General Horatio Gates, ein hochrangiger Offizier der Kontinentalarmee, war anfangs an der Verschwörung beteiligt, was ihr eine gewisse Legitimität verlieh und ihr Ansehen unter den Offizieren erhöhte. Einige befürchteten, dass es aufgrund der weit verbreiteten Unzufriedenheit und des Unmuts gegenüber dem Kongress, der sich nicht um die Probleme der Armee kümmerte, zu einer Revolte kommen könnte.

General George Washington, der Befehlshaber der Kontinentalarmee, befand sich in einer heiklen Lage. Er war sich der wachsenden Opposition gegen den Kongress in seinen Reihen bewusst und kannte die Gespräche über eine mögliche militärische

Machtübernahme, die die Grundsätze, für die der Krieg geführt wurde, bedrohte.

Die Situation stellte einen kritischen Moment im Amerikanischen Unabhängigkeitskrieg dar. Es ging nicht nur um eine militärische Krise, sondern auch um eine Bewährungsprobe für das Bekenntnis der jungen Nation zu demokratischen Grundsätzen und ziviler Kontrolle über das Militär. Die Möglichkeit eines Staatsstreichs stellte eine ernsthafte Bedrohung für die Grundlagen des amerikanischen Kampfes um Unabhängigkeit und Selbstverwaltung dar. Die Beilegung dieser Krise sollte sich als ein entscheidender Moment in der Geschichte der Vereinigten Staaten erweisen.

1. Amerikanischen - American
2. Anonyme - Anonymous
3. Anerkennung - Recognition
4. Armee - Army
5. Befehlshaber - Commander
6. Bekenntnis - Commitment
7. Beilegung - Resolution/Settlement
8. Briefe - Letters
9. Demokratischen - Democratic
10. Entschädigung - Compensation
11. Grundsätzen - Principles
12. Kontinentalarmee - Continental Army
13. Kontinentalkongress - Continental Congress
14. Kriegsende - End of the war
15. Maßnahmen - Measures
16. Missstände - Grievances
17. Offiziere - Officers
18. Renten - Pensions
19. Staatsstreichs - Coup d'état
20. Unabhängigkeitskrieg - War of Independence

2. Die Krise und ihre Lösung

Inmitten der wachsenden Unruhen innerhalb der Kontinentalarmee wurde eine wichtige Offiziersversammlung in Newburgh, New York, einberufen. Dieses Treffen war von entscheidender Bedeutung, da es die weit verbreitete Unzufriedenheit und die Beschwerden der Offiziere adressieren sollte.

Unerwartet beschloss General George Washington, der Befehlshaber der Kontinentalarmee, an dem Treffen teilzunehmen. Seine Anwesenheit war zunächst nicht erwartet worden und markierte einen Wendepunkt in der sich entwickelnden Krise. Washington, der den Ernst der Lage erkannte, bereitete sich darauf vor, seine Offiziere direkt anzusprechen.

In seiner Rede appellierte Washington an die Offiziere, geduldig und loyal zu bleiben. Er erkannte ihre Beschwerden an, betonte jedoch die Bedeutung der Aufrechterhaltung der Ideale, für die sie gekämpft hatten. Seine Worte zielten darauf ab, an ihr Pflichtgefühl und ihre Ehre zu appellieren.

Die Wirkung von Washingtons Rede war tiefgreifend. Seine aufrichtigen Worte und sein offensichtliches Mitgefühl für ihre Lage trugen zur Beruhigung der Spannungen bei. Während des Treffens las Washington auch einen Brief vor, der sein Verständnis und Mitgefühl für die schwierige Situation seiner Offiziere zum Ausdruck brachte.

Washingtons emotionaler Appell an ihre Ehre und ihren Patriotismus berührte viele Offiziere. Er erinnerte sie an die größere Sache und die Prinzipien der Revolution und forderte sie auf, über ihre unmittelbaren Frustrationen hinauszudenken.

Dieser Appell führte zu einem deutlichen Stimmungsumschwung bei den Offizieren. Sie waren bewegt von Washingtons Haltung und Engagement für die Sache. Seine Worte erinnerten sie an die Werte, für die sie kämpften, und an die Bedeutung ihres Auftrags.

Letztlich lehnten die Offiziere auf dem Treffen in Newburgh die Idee eines Staatsstreichs ab. Die drohende Möglichkeit einer militärischen Machtübernahme wurde abgewendet, wodurch die Integrität der Armee und ihre Loyalität gegenüber der entstehenden Nation gewahrt blieben.

Die Krise in Newburgh veranlasste den Kongress zum Handeln. Der Kongress erkannte den Ernst der Lage und begann, sich mit einigen der Beschwerden der Armee zu befassen, auch wenn die Reaktion nicht sofort und umfassend war.

Allmählich kehrte in der Kontinentalarmee wieder Stabilität ein. Die Offiziere, beruhigt und neu ausgerichtet durch Washingtons Eingreifen, bekräftigten trotz ihrer anhaltenden Frustrationen ihre Loyalität gegenüber der Sache und dem Kongress.

Die Abwendung einer Meuterei oder eines Militärputsches war eine bedeutende Leistung. Sie bewahrte das Bekenntnis der Armee zur zivilen Kontrolle und zu den demokratischen Grundsätzen, die für die Amerikanische Revolution von zentraler Bedeutung waren.

Washingtons Führung in dieser kritischen Phase wurde allgemein gelobt. Seine Fähigkeit, die Krise zu bewältigen, und sein entschlossenes Eingreifen wurden als Schlüsselfaktoren für die Aufrechterhaltung des Zusammenhalts und der Loyalität der Armee angesehen.

Die Newburgh-Verschwörung und ihre Auflösung unterstrichen die Verpflichtung der Armee zur zivilen Kontrolle und schufen einen entscheidenden Präzedenzfall für die Zukunft der Vereinigten Staaten. Sie bekräftigte den Grundsatz der Unterordnung des Militärs unter die zivile Regierung, ein grundlegendes Konzept der amerikanischen Demokratie und Staatsführung. Die Ereignisse von Newburgh hatten somit weitreichende Folgen und beeinflussten die künftigen zivil-militärischen Beziehungen in den Vereinigten Staaten.

1. Abwendung - Aversion/Avoidance
2. Angepasst - Adjusted/Aligned
3. Appell - Appeal
4. Auflösung - Resolution
5. Bekenntnis - Commitment

6. Beschwerden - Grievances
7. Beruhigung - Calming
8. Bewegt - Moved/Touched
9. Demokratie - Democracy
10. Eingreifen - Intervention
11. Engagement - Commitment
12. Frustrationen - Frustrations
13. Grundsätze - Principles
14. Kongress - Congress
15. Kontinentalarmee - Continental Army
16. Loyalität - Loyalty
17. Meuterei - Mutiny
18. Präzedenzfall - Precedent
19. Staatsführung - Governance
20. Stimmungsumschwung - Change of mood

Die Cadoudal-Pichegru-Verschwörung (1804)

1. Einführung in die Verschwörung

Zu Beginn des 19. Jahrhunderts befand sich Frankreich in einem tiefgreifenden Wandel. Diese Zeit war geprägt von den Nachwirkungen der Französischen Revolution, in der die traditionelle Monarchie gestürzt wurde und neue Regierungsformen erprobt wurden. In dieser turbulenten Zeit wurde Napoleon Bonaparte zu einer mächtigen Figur. Er war nicht nur ein militärisches Genie, sondern auch der Herrscher Frankreichs und genoss sowohl großen Respekt als auch Furcht.

Napoleons Aufstieg zur Macht wurde jedoch nicht von allen begrüßt. Eine Gruppe, die Royalisten, sehnte sich nach der Rückkehr der Monarchie. Sie waren nostalgisch und lehnten die drastischen Veränderungen in Frankreich ab, die stattgefunden hatten. Ihrer Meinung nach sollte die Nation wie seit Jahrhunderten von einem König oder einer Königin regiert werden.

Unter den Unzufriedenen mit der Herrschaft Napoleons waren Georges Cadoudal und General Pichegru. Diese Männer wurden zu Hauptverschwörern eines kühnen Plans, der das Herz der neuen französischen Regierung ins Visier nahm. Ihr Plan war gefährlich: ein Attentat auf Napoleon Bonaparte. Dies war keine leichte Aufgabe, denn Napoleon war nicht nur gut bewacht, sondern auch bei vielen Franzosen sehr beliebt.

Das Ziel des Komplotts war mehr als nur die Ermordung Napoleons; es sollte ein Katalysator für einen umfassenderen Wandel sein. Die Verschwörer hofften, durch die Beseitigung Napoleons den Weg für die Wiederherstellung der Monarchie zu ebnen. Dieses Komplott spiegelte das instabile politische Klima in Frankreich wider. Das Land war gespalten, und die Visionen für seine Zukunft waren sehr unterschiedlich.

Die öffentliche Meinung über Napoleon war geteilt. Während manche seine Führungsqualitäten und militärischen Erfolge bewunderten, verachteten andere seine autoritäre Herrschaft. Diese Spaltung machte das politische Umfeld anfällig für eine

Verschwörung. Besonders die Royalisten glaubten, dass die Zukunft Frankreichs in der Vergangenheit lag und eine Rückkehr zur Monarchie bevorstand.

Der Plan zur Ermordung Napoleons erforderte geheime Treffen und sorgfältige Planung. Diese mussten heimlich stattfinden, denn bei einer Entdeckung drohte ihnen der Tod. Die Verschwörer waren sich bewusst, dass sie vor einer großen Herausforderung standen. Napoleon war nicht nur ein fähiger Anführer, sondern auch stark geschützt. Das Komplott erforderte minutiöse Planung und absolute Geheimhaltung.

Die französische Regierung unter Napoleon war sich der Bedrohungen bewusst. Es herrschte ständiges Misstrauen, und Napoleons Sicherheitskräfte waren stets in höchster Alarmbereitschaft, um mögliche Attentate zu verhindern. Dies erhöhte das Risiko für die Verschwörer.

Zusammenfassend war die Cadoudal-Pichegru-Verschwörung ein bedeutendes Ereignis in der französischen Geschichte. Sie verdeutlichte die tiefe Spaltung des Landes und zeigte, wie weit Menschen bereit waren, für ihre politischen Überzeugungen zu gehen. Das Komplott gegen Napoleon war ein mutiger Zug der Royalisten, die eine Rückkehr zur Monarchie anstrebten, und unterstrich die Brisanz der französischen Politik in dieser Zeit.

1. Anführer - Leader
2. Attentate - Assassinations
3. Autoritäre - Authoritarian
4. Beseitigung - Elimination
5. Brisanz - Volatility
6. Entdeckung - Discovery
7. Ermordung - Assassination
8. Französischen - French
9. Führungsqualitäten - Leadership qualities
10. Gefährlich - Dangerous
11. Geheime - Secret
12. Hauptverschwörern - Main conspirators
13. Herausforderung - Challenge

14. Instabile - Unstable
15. Katalysator - Catalyst
16. König - King
17. Misstrauen - Mistrust
18. Royalisten - Royalists

2. Die Verschwörung im Detail

Zu Beginn des 19. Jahrhunderts wurde Frankreich von Napoleon Bonaparte regiert, einem mächtigen und einflussreichen Führer. Doch nicht jeder war mit seiner Herrschaft zufrieden. Dies führte zur geheimen Cadoudal-Pichegru-Verschwörung mit dem Ziel, Napoleon zu ermorden.

Die Anführer dieser Verschwörung waren Georges Cadoudal und General Pichegru. Diese beiden Männer standen an der Spitze bei der Planung und Organisation des Komplotts. Sie waren eng mit der royalistischen Bewegung verbunden, die die Monarchie in Frankreich wiederherstellen wollte. Um ihren Plan umzusetzen, brauchten Cadoudal und Pichegru Unterstützung. Sie rekrutierten heimlich Anhänger, die ebenfalls an die royalistische Sache glaubten und bereit waren, für die Wiedereinführung der Monarchie große Risiken einzugehen.

Die Planung des Attentats war detailliert und komplex. Die Verschwörer mussten überlegen, wie und wann sie in die Nähe Napoleons gelangen konnten. Sie wussten, dass sie sehr vorsichtig sein mussten, um ihren Plan geheim zu halten. Bei einer Entdeckung durch die Regierung wären sie alle in großer Gefahr gewesen. Die Geheimhaltung war entscheidend für den Erfolg.

Um das Attentat auszuführen, brauchten sie Waffen. Diese wurden heimlich vorbereitet, um Entdeckung zu vermeiden. Sie mussten auch sichere Treffpunkte finden, die versteckt und häufig gewechselt wurden.

Die Kommunikation unter den Verschwörern war eine Herausforderung. Sie verwendeten verschlüsselte Nachrichten, um unentdeckt zu bleiben. Das Risiko, von Napoleons Spionen entdeckt zu werden, war hoch. Die Verschwörer wussten, dass sie im Falle einer Verhaftung wahrscheinlich hingerichtet würden. Trotzdem motivierte sie ihr starker Glaube an die royalistische Sache.

Das Komplott wurde von Franzosen unterstützt, die mit Napoleons Herrschaft unzufrieden waren. Allerdings war der Zugang zu Napoleon schwierig, da er stets gut geschützt war. Die Verschwörer mussten bei ihrem Plan sehr vorsichtig und klug vorgehen.

Das Timing war ebenfalls wichtig. Sie mussten den richtigen Zeitpunkt für die Durchführung ihres Plans finden. Es bestand immer die Gefahr des Verrats innerhalb der Gruppe. Ein Verrat hätte den Plan zum Scheitern gebracht und alle in Gefahr gebracht.

Dieses Komplott hatte, obwohl es nicht erfolgreich war, große Auswirkungen auf Frankreich. Es verschärfte die Spannungen im Land und zeigte, wie gespalten die Menschen über Napoleons Herrschaft waren. Die Cadoudal-Pichegru-Verschwörung ist ein wichtiger Teil der französischen Geschichte, da sie zeigt, wie weit Menschen für ihre politischen Überzeugungen zu gehen bereit waren.

1. Anführer - Leader
2. Attentate - Assassinations
3. Autoritäre - Authoritarian
4. Beseitigung - Elimination
5. Brisanz - Volatility
6. Entdeckung - Discovery
7. Ermordung - Murder
8. Führer - Leader (in a more authoritative sense)
9. Geheimhaltung - Secrecy
10. Herrschaft - Rule
11. Komplott - Plot
12. Monarchie - Monarchy
13. Nachrichten - Messages
14. Planung - Planning
15. Rekrutierten - Recruited
16. Risiken - Risks

17. Royalistische - Royalist
18. Spionen - Spies
19. Treffpunkte - Meeting points
20. Verschwörer - Conspirators

3. Nachwirkungen und Bedeutung

Das Komplott zur Ermordung Napoleons, bekannt als die Cadoudal-Pichegru-Verschwörung, war ein wichtiges Ereignis in der französischen Geschichte. Schließlich deckte die Regierung Napoleons diesen geheimen Plan auf. Nach der Aufdeckung des Komplotts handelte die Regierung schnell.

Die wichtigsten Verschwörer, darunter Georges Cadoudal und General Pichegru, wurden verhaftet. Diese Verhaftungen waren bedeutend, da diese Männer führende Persönlichkeiten der royalistischen Bewegung waren. Nach ihrer Verhaftung standen sie vor Gericht. Die Prozesse waren wichtige Ereignisse, die die Reaktion der Regierung auf das Komplott darstellten.

Während der Prozesse wurde allen Beteiligten die Schwere der Verschwörung klar. Infolgedessen wurden einige Verschwörer hingerichtet, während andere inhaftiert wurden. Die Hinrichtungen und Inhaftierungen sendeten eine klare Botschaft der Regierung Napoleons: Verschwörungen gegen den Staatschef würden nicht geduldet.

Als Reaktion auf das Komplott verstärkte Napoleon seine Sicherheitsmaßnahmen. Er wusste, dass es Personen gab, die ihn ermorden wollten, und wurde noch vorsichtiger. Die verstärkten Sicherheitsvorkehrungen erschwerten es anderen, Attentate auf ihn zu verüben.

Die öffentliche Meinung zum Komplott war gespalten. Einige lehnten den Versuch, Napoleon zu töten, ab, während andere das Komplott begrüßten, da sie Napoleons Herrschaft ablehnten. Diese Meinungsverschiedenheiten zeigen die unterschiedlichen Einstellungen der Franzosen zu ihrem Führer.

Das Scheitern des Komplotts und die Bestrafung der Verschwörer entmutigten die Anhänger der Monarchie. Die

Niederlage und der Verlust ihrer führenden Köpfe erschwerten es ihnen, weiter für die Monarchie zu kämpfen.

Nach dem Komplott wurde Napoleon vorsichtiger in seiner Regierungsführung und wusste um die Existenz von Feinden. Diese Vorsicht beeinflusste seinen Regierungsstil.

Die historische Bedeutung der Verschwörung liegt darin, dass sie eine Opposition gegen Napoleon aufzeigte. Nicht jeder in Frankreich unterstützte ihn, und manche waren bereit, extreme Schritte gegen ihn zu unternehmen.

Napoleon reagierte auf das Komplott mit einer Verschärfung der Gesetze, um sich und seine Regierung vor weiteren Verschwörungen zu schützen. Diese neuen Gesetze zeigten auch die Angst der Regierung vor weiteren Komplotten.

Die Regierung wurde durch das Komplott verängstigt, da es zeigte, dass, wenn eine Gruppe von Menschen in der Lage war, ein Attentat auf Napoleon zu planen, es auch anderen gelingen könnte. Diese Angst beeinflusste die Handlungen und Entscheidungen der Regierung.

Die royalistische Bewegung wurde durch das Scheitern des Komplotts geschwächt. Ohne ihre Führer und angesichts des gescheiterten Plans war es für sie schwieriger, für eine Rückkehr zur Monarchie zu kämpfen.

Napoleon nutzte das Komplott, um seine Position zu stärken. Er argumentierte, dass er bedroht sei und mehr Macht benötige, um sich und das Land zu schützen. Dies half ihm, seine Macht weiter auszubauen.

Die Cadoudal-Pichegru-Verschwörung war jedoch nicht das letzte Komplott gegen Napoleon. Weitere Verschwörungen zeigten, dass der Widerstand gegen seine Herrschaft andauerte.

Das Vermächtnis des Komplotts ist, dass es als bedeutendes Ereignis in der französischen Geschichte in Erinnerung geblieben ist. Es ist ein Beispiel dafür, wie weit Menschen für ihre politischen Überzeugungen gehen würden und wie es die Geschichte Frankreichs beeinflusste.

1. Anhänger - Followers
2. Attentat - Assassination
3. Bedeutung - Significance
4. Begrüßten - Welcomed
5. Bestrafung - Punishment
6. Einstellungen - Attitudes
7. Entscheidungen - Decisions
8. Feinde - Enemies
9. Führer - Leader
10. Gesetze - Laws
11. Hinrichtungen - Executions
12. Inhaftierungen - Imprisonments
13. Komplott - Plot
14. Meinungsverschiedenheiten - Disagreements
15. Opposition - Opposition
16. Regierung - Government
17. Sicherheitsmaßnahmen - Security measures
18. Verschwörer - Conspirators
19. Verschwörung - Conspiracy
20. Vermächtnis - Legacy

Der Dekabristenaufstand (1825)

1. Hintergrund des Dekabristenaufstands

Im Jahr 1825 ereignete sich in Russland ein bedeutendes Ereignis, bekannt als der Dekabristenaufstand. Zu dieser Zeit wurde Russland von Zar Nikolaus I. regiert. Sein Amtsantritt nach dem Tod seines Bruders, Zar Alexander I., führte zu großer Unsicherheit im Land.

Die russische Gesellschaft war damals von starken Unterschieden zwischen Arm und Reich geprägt. Während die Reichen ein luxuriöses Leben führten, hatten die Armen wenig und kämpften oft ums Überleben. Viele Armeeoffiziere, die gebildet waren und verschiedene Teile der Welt gesehen hatten, strebten nach Veränderung. Sie wurden von den Ideen der Freiheit und Demokratie aus Europa beeinflusst.

Diese Offiziere gehörten Geheimgesellschaften an, die mit der Regierung unzufrieden waren und Veränderungen anstrebten. Die damalige Regierungsform war eine absolute Monarchie, in der der Zar die vollständige Kontrolle über das Land hatte und keine Demokratie existierte.

Die Unzufriedenheit in der Bevölkerung war groß. Viele Menschen in Russland missbilligten die Art und Weise, wie das Land regiert wurde. Sie hatten kein Mitspracherecht in der Regierung und viele lebten unter schwierigen Bedingungen. Ziel des Dekabristenaufstands war es, Russland demokratischer zu gestalten und den Menschen mehr Einfluss auf die Regierungsführung zu geben.

Die Planung des Aufstandes erfolgte im Geheimen. Die Anführer dieser Revolte waren mehrere Armeeoffiziere. Sie mussten sehr vorsichtig sein, da eine Entdeckung durch die Regierung höchst gefährlich gewesen wäre. Diese Offiziere ließen sich von anderen europäischen Revolutionen inspirieren, wie der Französischen Revolution, bei der die Menschen für ihre Rechte und mehr Mitspracherecht in der Regierung kämpften.

Die Beteiligung an diesem Aufstand war jedoch sehr riskant. Die Verschwörer wussten, dass sie ihr Leben aufs Spiel setzten. Bei einer Entdeckung drohten Hinrichtung oder Verbannung an entlegene Orte wie Sibirien. Trotz dieser Risiken waren sie fest von ihrer Sache überzeugt und wollten eine Veränderung in ihrem Land herbeiführen.

Der Dekabristenaufstand ist ein wichtiger Teil der russischen Geschichte. Er zeigt, wie einige Menschen in Russland bereit waren, für Demokratie und Veränderung zu kämpfen, selbst unter großen Gefahren. Dieser Aufstand war einer der ersten Versuche in Russland, sich gegen den Zaren und die absolute Monarchie aufzulehnen.

1. Absolute Monarchie - Absolute Monarchy
2. Amtsantritt - Accession
3. Armeeoffiziere - Army Officers
4. Aufstand - Revolt
5. Beeinflusst - Influenced
6. Demokratie - Democracy
7. Entdeckung - Discovery
8. Freiheit - Freedom
9. Gefährlich - Dangerous
10. Geheimgesellschaften - Secret Societies
11. Mitspracherecht - Say
12. Regierung - Government
13. Regierungsform - Form of Government
14. Regierungsführung - Governance
15. Revolte - Revolt
16. Risiken - Risks
17. Unzufriedenheit - Dissatisfaction
18. Verbannung - Exile
19. Veränderung - Change
20. Verschwörer - Conspirators

2. Der Aufstand und seine Niederschlagung

Am 14. Dezember 1825 ereignete sich in Russland ein bedeutendes Ereignis, bekannt als der Dekabristenaufstand. Dieser fand in Sankt Petersburg, der damaligen Hauptstadt Russlands, statt.

Der Aufstand begann, als Offiziere, die mit der Regierung unzufrieden waren, ihre Truppen versammelten. Diese Offiziere und Soldaten hatten eine bedeutende Forderung: Sie wollten eine Verfassung für Russland. Sie waren überzeugt, dass eine Verfassung dem Volk mehr Rechte und mehr Macht geben würde.

Zar Nikolaus I., der Herrscher Russlands, reagierte entschieden auf den Aufstand. Er entschied sich, den Aufstand schnell niederzuschlagen und ihn nicht weiter wachsen zu lassen. Er befahl seinen loyalen Truppen, gegen die Aufständischen vorzugehen. Diese bestanden aus Soldaten, die dem Zaren noch treu ergeben waren.

Etwa 3.000 Offiziere und Soldaten waren an der Revolte beteiligt. Sie waren entschlossen, für Veränderungen zu kämpfen, standen jedoch einer mächtigen Regierung gegenüber. Dies führte zu gewaltsamen Auseinandersetzungen auf den Straßen von Sankt Petersburg zwischen den Aufständischen und den Truppen des Zaren.

Der Aufstand wurde schnell niedergeschlagen. Die Streitkräfte der Regierung waren stärker und besser organisiert. Viele Aufständische wurden verhaftet, um den Aufstand zu beenden und die Beteiligten zu bestrafen.

Während des Aufstands gab es Todesopfer. Diese Verluste waren eine tragische Konsequenz der Kämpfe. Der Aufstand löste große Angst in der Regierung aus. Sie befürchtete, dass sich der Aufstand ausweiten und noch mehr Menschen sich den Rebellen anschließen könnten.

Nach dem Aufstand ergriff die Regierung Maßnahmen, um die Kontrolle wiederzugewinnen und zu sichern, dass sich so ein Ereignis nicht wiederholte. Eine dieser Maßnahmen war die

Verstärkung der Zensur, um zu kontrollieren, welche Informationen die Öffentlichkeit erhielt.

Der Dekabristenaufstand hatte auch erhebliche Auswirkungen auf die Armee. Die Regierung begann, die Armee genauer zu beobachten, um sicherzustellen, dass die Soldaten dem Zaren treu blieben.

Die Niederschlagung des Dekabristenaufstands war ein entscheidendes Ereignis in der russischen Geschichte. Sie zeigte, dass die Regierung Angriffe auf ihre Macht nicht tolerieren würde und verdeutlichte das Risiko, das Menschen bereit waren einzugehen, um Veränderungen in ihrem Land zu bewirken. Der Aufstand und seine Niederschlagung beeinflussten maßgeblich die Beziehung zwischen der Regierung und dem Volk in Russland.

1. Aufstand - Revolt
2. Aufständische - Insurgents
3. Auseinandersetzungen - Clashes
4. Beteiligten - Participants
5. Forderung - Demand
6. Herrscher - Ruler
7. Kämpfe - Fights
8. Kontrolle - Control
9. Loyal - Loyal
10. Maßnahmen - Measures
11. Niederschlagung - Suppression
12. Niedergeschlagen - Crushed
13. Offiziere - Officers
14. Regierung - Government
15. Soldaten - Soldiers
16. Streitkräfte - Armed Forces
17. Todesopfer - Fatalities
18. Truppen - Troops
19. Verfassung - Constitution
20. Zensur - Censorship

3. Nachwirkungen und Vermächtnis

Nach der Niederschlagung des Dekabristenaufstands waren die Folgen für die Beteiligten schwerwiegend. Viele der Aufständischen wurden vor Gericht gestellt, was die Reaktion der Regierung auf den Aufstand verdeutlichte. Diese Angeklagten hatten sich gegen Zar Nikolaus I. erhoben und Veränderungen gefordert.

Die Strafen für die Aufständischen waren hart. Einige wurden hingerichtet, was bedeutete, dass sie als Strafe getötet wurden. Andere wurden nach Sibirien verbannt, einem kalten und abgelegenen Teil Russlands. Die Verbannung nach Sibirien glich einer Entfernung von allem Vertrauten und Geliebten.

Der Aufstand bewirkte bei Zar Nikolaus I. eine konservativere Haltung. Er wollte Veränderungen vermeiden und fürchtete weitere Aufstände, was zu einer strengeren Kontrolle des Landes führte. Dies hatte zur Folge, dass die Menschen weniger Freiheiten hatten als zuvor.

Die Regierung fürchtete weitere Aufstände und war daher in ihrer Regierungsführung vorsichtig und manchmal hart. Sie wollte eine Wiederholung eines Ereignisses wie des Dekabristenaufstands verhindern.

Der Dekabristenaufstand war die erste bedeutende politische Revolte in Russland und zeigte die Bereitschaft der Menschen, sich gegen den Zaren aufzulehnen. Der Aufstand gilt als mutiger Kampf für die Freiheit, obwohl den Beteiligten klar war, dass sie möglicherweise nicht siegen würden.

Dieser Aufstand inspirierte spätere Generationen von Revolutionären, die ebenfalls Veränderungen in Russland anstreben wollten. Sie sahen im Dekabristenaufstand ein Vorbild.

Der Aufstand machte die Probleme der russischen Regierung deutlich und zeigte die Unzufriedenheit vieler Menschen, die Veränderungen anstrebten. Diese Kritik regte zum Nachdenken über mögliche Verbesserungen des Landes an.

Allerdings verzögerte der Aufstand auch politische Reformen in Russland, da die Regierung immer strikter wurde und keine Veränderungen zulassen wollte. Diese Verzögerung führte dazu, dass es länger dauerte, bis Russland demokratischer wurde.

Der Dekabristenaufstand wurde zu einem Symbol des Widerstands. Er stand für den Kampf gegen den Zaren und für Freiheit und Veränderung.

Die kulturellen Auswirkungen des Aufstandes waren ebenfalls erheblich. Er beeinflusste die russische Literatur und Kunst, indem er Schriftstellern und Künstlern als Inspiration diente.

In der russischen Gesellschaft gab es unterschiedliche Meinungen zum Aufstand. Manche befürworteten ihn, andere lehnten ihn ab, was die unterschiedlichen Einstellungen zu Veränderungen und dem Zaren widerspiegelt.

International erregte der Aufstand Aufmerksamkeit und zeigte, dass es in Russland ernsthafte Probleme gab und einige Menschen einen Regierungswechsel anstrebten.

Das Vermächtnis des Dekabristenaufstands bleibt bis heute bestehen. Er ist ein wichtiger Teil der russischen Geschichte und erinnert an den Kampf für Freiheit und Demokratie. Der Aufstand zeugt vom Mut derjenigen, die bereit waren, für ihre Überzeugungen einzutreten, auch unter größter Gefahr.

1. Angeklagten - Accused
2. Aufmerksamkeit - Attention
3. Aufstand - Revolt
4. Aufständische - Insurgents
5. Beteiligten - Participants
6. Dekabristenaufstand - Decembrist Revolt
7. Entfernung - Removal
8. Einstellungen - Attitudes
9. Freiheit - Freedom
10. Gefordert - Demanded
11. Generationen - Generations
12. Hingerichtet - Executed

13. Konservativere - More Conservative
14. Kritik - Criticism
15. Meinungen - Opinions
16. Probleme - Problems
17. Regierungsführung - Governance
18. Regierungswechsel - Change of Government
19. Verbannt - Exiled
20. Vermächtnis - Legacy

Die Eureka-Stockade (1854)

1. Hintergrund der Eureka-Stockade

Im Jahr 1854 fand in Ballarat, Australien, ein bedeutendes Ereignis statt, bekannt als die Eureka-Stockade. Diese Zeit in der australischen Geschichte war durch den berühmten Goldrausch geprägt. Viele Menschen aus verschiedenen Teilen der Welt kamen nach Australien, in der Hoffnung, durch Goldschürfen schnell reich zu werden.

Diejenigen, die nach Gold suchten, wurden als Bergleute bezeichnet. Sie verbrachten ihre Tage in den Minen auf der Suche nach Gold. Die damals von britischen Behörden kontrollierte Regierung verlangte jedoch, dass alle Bergleute eine Lizenz zum Goldschürfen erwarben. Diese Lizenz war eine notwendige Genehmigung, die die Bergleute besitzen mussten.

Viele Bergleute empfanden dieses Lizenzsystem als ungerecht. Sie glaubten, dass die Regierung sie ausnutzen wolle. Die Kosten für die Lizenzen waren hoch und viele Bergleute hatten Schwierigkeiten, sie sich zu leisten. Dies trug zu ihrer Frustration bei, da sie ohnehin schon unter harten Bedingungen arbeiteten.

Die Lebensbedingungen der Bergleute in Ballarat waren schlecht. Sie lebten in einfachen Zelten oder Hütten und hatten ein hartes und unbequemes Leben. Die Unzufriedenheit unter den Bergarbeitern wuchs, da sie sich von der Regierung ungerecht behandelt und ignoriert fühlten.

Die Bergleute forderten eine gerechtere Behandlung durch die Regierung, insbesondere in Bezug auf die teuren und obligatorischen Lizenzen. Sie begannen, sich zu versammeln und über ihre Probleme sowie mögliche Lösungen zu diskutieren. Einige Bergleute traten als Anführer der Gruppe hervor und organisierten die anderen.

Mit der Zeit nahmen die Spannungen zwischen den Bergarbeitern und den Behörden zu. Die Bergleute waren zunehmend wütend auf die Regierung wegen ihrer als ungerecht empfundenen Behandlung. Diese Situation konnte nicht ewig anhalten, und es musste etwas unternommen werden.

Schließlich trafen die Bergleute eine wichtige Entscheidung. Sie beschlossen, sich gegen die Behörden aufzulehnen und die ungerechte Behandlung nicht länger hinzunehmen. Diese Entscheidung zur Rebellion war ein entscheidender Schritt. Sie zeigte, dass sie bereit waren, für ihre Rechte zu kämpfen. Dies war der Beginn der Ereignisse, die als Eureka-Stockade in die Geschichte eingehen sollten.

1. Anführer - leader
2. auflehnen - rebel
3. Behandlung - treatment
4. Behörden - authorities
5. berühmt - famous
6. Bergarbeiter - miner
7. Bergleute - miners
8. Ereignis - event
9. Frustration - frustration
10. Genehmigung - permission
11. Goldrausch - gold rush
12. Hintergrund - background
13. Lizenz - license
14. Minen - mines
15. Rebellion - rebellion
16. Regierung - government
17. Schürfen - mining
18. Spannungen - tensions
19. Unzufriedenheit - dissatisfaction
20. versammeln - gather

2. Die Rebellion und der Konflikt

Die Eureka-Stockade war ein bedeutendes Ereignis in der Geschichte von Ballarat, Australien, im Jahr 1854. Es begann mit einer Rebellion der Bergleute gegen die ungerechte Behandlung und das Lizenzsystem der Regierung. Frustriert und nach

Veränderung verlangend, entschlossen sich die Bergleute zu einem mutigen Schritt.

Sie errichteten ein Holzfort, bekannt als Eureka-Stockade. Dieses Fort symbolisierte ihren Widerstand gegen die Autoritäten. In diesem Fort bereiteten sich die Bergleute darauf vor, für ihre Rechte zu kämpfen. Die Bergleute versammelten sich im Inneren des Forts, bereit, sich und ihre Überzeugungen zu verteidigen.

Die Regierung reagierte auf diesen Akt der Rebellion, indem sie Polizei und Soldaten nach Ballarat entsandte. Die Behörden waren entschlossen, die Bergleute zu stoppen und die Kontrolle zu behalten. Dies führte zu einer angespannten Situation, in der beide Seiten auf eine Konfrontation vorbereitet waren.

Die Hauptauseinandersetzung fand am 3. Dezember 1854 statt. Es war eine Schlacht zwischen den Bergleuten in der Eureka-Stockade und den Regierungstruppen. Der Kampf war gewalttätig und kurz, was die Intensität der Emotionen beider Seiten unterstrich.

Während dieses Konflikts gab es zahlreiche Opfer. Auf beiden Seiten fielen Tote und Verletzte, was die Ernsthaftigkeit der Rebellion untermauerte. Die Gewalt der Schlacht schockierte viele und hatte erhebliche Auswirkungen auf die Gemeinschaft.

Nach der Schlacht wurden zahlreiche Bergleute verhaftet. Diese Verhaftungen waren Teil der Bemühungen der Regierung, die Kontrolle zurückzugewinnen und die an der Rebellion Beteiligten zu bestrafen. Die Öffentlichkeit reagierte bestürzt auf die Schlacht und die Verhaftungen. Viele waren überrascht von dem Ausmaß der Gewalt.

Trotz der Maßnahmen der Regierung fand die Sache der Bergarbeiter Unterstützung. Einige in der Gemeinde und in anderen Teilen Australiens sympathisierten mit den Bergarbeitern und hielten ihren Kampf für gerechtfertigt. Sie sahen die Bergleute als Verteidiger ihrer Rechte und als Kämpfer gegen ein ungerechtes System.

Die Regierung wurde für ihr Vorgehen kritisiert. Manche meinten, die Behörden seien zu hart vorgegangen und der Konflikt hätte vermieden werden können. Diese Kritik spiegelte sich auch in der Medienberichterstattung wider.

Die Eureka-Stockade erregte auch internationale Aufmerksamkeit. Andere Länder erfuhren von der Rebellion und den Problemen der Bergarbeiter, was den Kampf um Rechte und Gerechtigkeit in Australien zu dieser Zeit verdeutlichte.

Nach der Schlacht wurde der Aufstand an der Eureka-Stockade schnell beendet. Die Regierungstruppen schlugen den Aufstand der Bergarbeiter nieder, doch die Auswirkungen dieses Ereignisses waren noch lange zu spüren. Die Eureka-Stockade wurde zu einem Symbol für den Kampf um Rechte und Gerechtigkeit, nicht nur in Ballarat, sondern in ganz Australien und darüber hinaus.

1. angespannten - tense
2. Autoritäten - authorities
3. Behörden - authorities
4. Bemühungen - efforts
5. Bergarbeiter - miners
6. Bergleute - miners
7. bestraft - punished
8. bestürzt - dismayed
9. Emotionen - emotions
10. entsandte - sent
11. entschlossen - determined
12. Ereignis - event
13. gerechtfertigt - justified
14. Hauptauseinandersetzung - main confrontation
15. Kämpfer - fighters
16. Konfrontation - confrontation
17. Medienberichterstattung - media coverage
18. mutigen - brave
19. Öffentlichkeit - public
20. verhaftet - arrested

3. Nachwirkungen und Vermächtnis

Nach der Eureka-Stockade mussten die Bergleute, die sich an der Rebellion beteiligt hatten, mit ernsthaften Konsequenzen rechnen. Sie wurden wegen ihrer Beteiligung an dem Aufstand vor Gericht gestellt. Diese Prozesse wurden von der Öffentlichkeit aufmerksam verfolgt, und viele Menschen unterstützten die Bergleute. Sie glaubten, dass die Bergleute für eine gerechte Sache gekämpft hatten.

Bei den Prozessen kam es zu einem überraschenden Ergebnis. Die meisten Bergarbeiter wurden freigesprochen. Dieses Urteil zeigte das Mitgefühl für ihre Situation und die Probleme, gegen die sie kämpften. Es war ein bedeutender Moment, der die Unterstützung der Öffentlichkeit für die Sache der Bergleute verdeutlichte.

Nach diesen Ereignissen nahm die Regierung wichtige Änderungen an den Bergbaugesetzen vor. Eine der wesentlichen Änderungen war die Abschaffung des teuren Lizenzsystems, das eine Hauptursache für die Frustration und den Ärger der Bergleute gewesen war. Diese Änderung war eine direkte Folge des Aufstands der Bergleute und ihres Kampfes für eine gerechtere Behandlung.

Die politischen Auswirkungen der Eureka-Stockade waren bedeutend. Sie spielte eine große Rolle bei der Gestaltung der australischen Politik und trug zur Entwicklung Australiens in Richtung Demokratie bei. Der Aufstand zeigte, dass die Stimmen der Menschen zu Veränderungen führen konnten und dass der Kampf für Rechte ein wesentlicher Bestandteil des demokratischen Prozesses ist.

Der Kampf der Bergarbeiter führte auch zu einer breiteren Anerkennung von Rechten in Australien. Ihr Einsatz an der Eureka-Stockade wurde als Kampf für Gerechtigkeit und Fairness wahrgenommen und trug dazu bei, dass die Menschen in Australien mehr Rechte erhielten.

Die Eureka-Flagge, die am Fort gehisst wurde, wurde zu einem mächtigen Symbol für Protest und Demokratie und ist auch heute noch ein Zeichen für diese Werte. Sie erinnert an den Einsatz der Bergleute und ihren Kampf für ihre Rechte.

Historisch gesehen ist die Eureka-Stockade ein bedeutsames Ereignis in der australischen Geschichte. Es wird an den Mut der Bergarbeiter und ihren Widerstand gegen die Ungerechtigkeit erinnert. Das Ereignis hatte einen nachhaltigen kulturellen Einfluss und prägte die australische Kultur und Identität. Es ist ein Teil der Geschichte, der zeigt, wie sich Australien als Nation entwickelt hat.

Die Erinnerung an die Eureka-Stockade wird auf vielfältige Weise wachgehalten. In australischen Schulen wird sie als Schlüsselereignis in der Geschichte des Landes gelehrt, um jungen Menschen die Bedeutung des Eintretens für das Richtige zu vermitteln.

Es gibt auch Denkmäler und Gedenkstätten zur Eureka-Stockade. Diese dienen dazu, über das Ereignis zu informieren und den Beteiligten Tribut zu zollen.

Das Vermächtnis der Eureka-Stockade hat in der australischen Geschichte weiterhin große Bedeutung. Es erinnert an die Macht der Menschen, Veränderungen herbeizuführen, und die Wichtigkeit, für Fairness und Gerechtigkeit zu kämpfen. Der Aufstand an der Eureka-Stockade ist nicht nur ein Teil der Vergangenheit, sondern bleibt ein wesentliches Element der aktuellen Geschichte Australiens und seiner Bevölkerung.

1. Änderungen - changes
2. Anerkennung - recognition
3. Aufstand - uprising
4. Beteiligten - participants
5. Beteiligung - involvement
6. Demokratie - democracy
7. Denkmäler - monuments
8. Einfluss - influence
9. Eintretens - advocacy
10. Ereignis - event
11. Flagge - flag

12. Freigesprochen - acquitted
13. Gedenkstätten - memorials
14. Gestaltung - shaping
15. Gerechtigkeit - justice
16. Kampf - struggle
17. Lizenzsystems - license system
18. Mitgefühl - sympathy
19. Prozesse - trials
20. Vermächtnis - legacy

Der Teapot-Dome-Skandal (1920er Jahre)

1. Hintergrund des Teapot-Dome-Skandals

In den frühen 1920er Jahren ereignete sich in den Vereinigten Staaten ein großer Skandal, bekannt als der Teapot-Dome-Skandal. Dieser Vorfall trug sich während der Präsidentschaft von Warren G. Harding zu.

Im Zentrum des Skandals standen umfangreiche Ölreserven, also Gebiete mit großen unterirdischen Ölvorkommen. Eines dieser Gebiete war Teapot Dome in Wyoming, das durch den Skandal berühmt wurde. Diese Ölreserven waren Eigentum der US-Regierung, gehörten also dem Staat und nicht Privatpersonen oder Unternehmen.

Öl war zu dieser Zeit eine sehr wertvolle und wichtige Ressource. Es wurde als Treibstoff für Autos, Schiffe und Fabriken genutzt und war damit ein zentraler Faktor der Wirtschaft. Die Regierung kontrollierte daher diese wichtigen Ölreserven.

Albert B. Fall, der unter Präsident Harding als Innenminister der Vereinigten Staaten diente, spielte eine Schlüsselrolle in diesem Skandal. Der Innenminister ist ein hochrangiger Regierungsbeamter, verantwortlich für Belange im Zusammenhang mit natürlichen Ressourcen. Fall war für die Vergabe der Pachtrechte an den Ölfeldern zuständig, das heißt, er entschied, wer das Land zur Ölförderung nutzen durfte.

Normalerweise findet bei der Vergabe von Regierungsaufträgen ein Ausschreibungsverfahren statt, bei dem verschiedene Unternehmen ihre Angebote einreichen und das beste Angebot gewinnt. Im Falle des Teapot-Dome-Skandals wurde jedoch kein solches Verfahren durchgeführt. Fall vergab die Pachtrechte ohne Ausschreibung, sodass keine anderen Unternehmen die Möglichkeit hatten, ein Angebot zu unterbreiten.

Die Öffentlichkeit begann zu vermuten, dass etwas nicht stimmte und es Anzeichen von Korruption gab, also von unehrlichem oder illegalem Verhalten eines Machthabers. Es kam heraus, dass Fall geheime Vereinbarungen mit Ölfirmen getroffen hatte, die nicht den üblichen Geschäftspraktiken der Regierung entsprachen.

Der Skandal wurde vollends aufgedeckt, als bekannt wurde, dass Fall Bestechungsgelder angenommen hatte. Bestechung bedeutet, dass jemand einem Machthaber Geld oder Geschenke gibt, um eine bevorzugte Behandlung zu erhalten. In diesem Fall erhielt Fall Geld und Geschenke von den Ölfirmen, damit diese die Ölfelder ohne Konkurrenz nutzen konnten.

Lange Zeit war der Öffentlichkeit nichts von diesen geheimen Geschäften und Bestechungsgeldern bekannt. Als dies jedoch ans Licht kam, löste es große Besorgnis und Empörung aus.

Die Ermittlungen zu diesem Skandal wurden aufgenommen, um die genauen Umstände zu klären und die Wahrheit zu ermitteln. Der Teapot-Dome-Skandal wurde zu einem der größten Skandale in der amerikanischen Geschichte und warf ernste Fragen zu Korruption und ethischen Standards in der Regierung auf.

1. Anzeichen - signs
2. Ausschreibungsverfahren - bidding process
3. Bestechung - bribery
4. Bestechungsgelder - bribes
5. Empörung - outrage
6. Ermittlungen - investigations
7. ethischen - ethical
8. Fall - case
9. Geschäftspraktiken - business practices
10. Korruption - corruption
11. Machthaber - power holder
12. Öffentlichkeit - public
13. Ölfelder - oil fields
14. Ölreserven - oil reserves
15. Pachtrechte - leasing rights
16. Präsidentschaft - presidency
17. Regierungsbeamter - government official
18. Ressource - resource
19. Skandal - scandal

2. Der Skandal nimmt seinen Lauf

Als sich der Teapot-Dome-Skandal Anfang der 1920er Jahre abzuzeichnen begann, wurde er zu einem der bedeutendsten politischen Ereignisse in den Vereinigten Staaten. Die Aufdeckung der Bestechung war ein entscheidender Moment im Skandal. Es wurde bekannt, dass Albert B. Fall, der Innenminister der USA, Bestechungsgelder von Ölgesellschaften angenommen hatte. Diese Entdeckung schockierte und verärgerte die Öffentlichkeit, da sie eine Korruption auf hohem Niveau in der Regierung aufzeigte.

Die Schwere des Skandals veranlasste den US-Senat, eine offizielle Untersuchung einzuleiten. Während der Senatsermittlungen spielten die Medien eine entscheidende Rolle bei der Information der Öffentlichkeit über die Einzelheiten des Skandals. Dies trug dazu bei, dass sich jeder im Land über die Geschehnisse informieren konnte.

Der Skandal fiel in die Amtszeit von Präsident Warren G. Harding, was bedeutete, dass er mit Personen in Verbindung stand, die er für seine Regierung ausgewählt hatte, einschließlich Albert B. Fall. Der Skandal wurde somit zu einem wichtigen Thema für Hardings Präsidentschaft.

Albert Fall wurde vor Gericht gestellt, um zu prüfen, ob er unrechtmäßig Schmiergelder von Ölgesellschaften angenommen hatte. Schließlich wurde Fall schuldig befunden, was bedeutete, dass er Bestechungsgelder angenommen hatte. Dies war bemerkenswert, da es eines der ersten Male war, dass ein Mitglied des US-Kabinetts wegen einer solchen Straftat verurteilt wurde.

Es wurden auch Fragen über die Rolle von Präsident Harding im Skandal aufgeworfen, insbesondere darüber, wie viel er über die Bestechungsgelder und die geheimen Geschäfte wusste. Diese Fragen trugen zur Kontroverse bei und vergrößerten den Skandal.

Der Teapot-Dome-Skandal hatte erhebliche Auswirkungen auf die US-Regierung. Er schadete dem Ruf der Regierung und führte dazu, dass das Vertrauen der Menschen in ihre Führer erschüttert wurde. Der Skandal zeigte auf, dass Korruption auf hohen Regierungsebenen vorhanden war, was viele beunruhigte.

Mehrere Ölgesellschaften waren in den Skandal verwickelt, da sie Albert Fall Bestechungsgelder zahlten. Infolgedessen kam es zu rechtlichen Schritten gegen diese Unternehmen.

Der Skandal beeinträchtigte das Vertrauen der Öffentlichkeit in die Regierung erheblich, ein großes Problem in einer Demokratie. Er hatte auch politische Folgen für die Partei von Präsident Harding und könnte das zukünftige Wahlverhalten der Menschen beeinflusst haben.

Präsident Harding starb 1923, bevor der Skandal vollständig aufgedeckt wurde. Nach seinem Tod wurden die Untersuchungen fortgesetzt, was zeigte, dass die Regierung entschlossen war, die Wahrheit herauszufinden und sicherzustellen, dass sich ein solcher Vorfall nicht wiederholte.

Der Teapot-Dome-Skandal war ein bedeutsames Ereignis in der amerikanischen Geschichte, das tiefgreifende Probleme in der Regierung aufdeckte und die Bedeutung von ehrlicher und transparenter Führung hervorhob. Er wird auch heute noch als wichtiges Beispiel für politische Korruption untersucht und erinnert.

1. abzuzeichnen - emerging
2. Aufdeckung - exposure
3. Amtszeit - tenure
4. Bestechungsgelder - bribes
5. bedeutendsten - most significant
6. beeinträchtigte - impaired
7. befunden - found
8. beunruhigte - disturbed
9. Einzelheiten - details
10. entscheidender - crucial
11. erhebliche - substantial
12. Ermittlungen - investigations
13. Kontroverse - controversy

14. Schmiergelder - kickbacks
15. Schritte - steps
16. Senatsermittlungen - Senate investigations
17. tiefgreifende - profound
18. Untersuchung - investigation
19. verärgerte - angered
20. verwickelt - involved

3. Nachwirkungen und Vermächtnis

Der Teapot-Dome-Skandal, einer der größten Skandale in der Geschichte der USA, hatte nachhaltige Auswirkungen auf die amerikanische Politik und Verwaltung. Nachdem der Skandal aufgedeckt worden war, wurde Albert B. Fall, die zentrale Figur des Skandals, für seine Verbrechen bestraft. Er wurde der Bestechungsannahme für schuldig befunden und war damit das erste Mitglied des US-Kabinetts, das wegen eines Verbrechens verurteilt wurde. Diese Verurteilung markierte einen bedeutenden Moment in der amerikanischen Rechts- und Politikgeschichte.

Als Reaktion auf den Skandal führte die US-Regierung mehrere politische Änderungen durch, insbesondere bezüglich der Verpachtung von Ölfeldern. Diese Änderungen sollten zukünftige Skandale verhindern und führten zu transparenteren und gerechteren Verfahren für die Vergabe von Ölfeldern.

Der Skandal beeinflusste die amerikanische Politik langfristig und wurde zu einem Symbol für Regierungskorruption. Er schärfte das öffentliche Bewusstsein für das Korruptionspotenzial in der Regierung und erhöhte die Erwartungen der Bevölkerung an die Ehrlichkeit und Integrität ihrer politischen Führer.

Infolge des Skandals wurden neue Gesetze erlassen, um ähnliche Vorfälle zu verhindern. Diese Gesetze zielten darauf ab, die Rechenschaftspflicht der Regierung zu stärken und sicherzustellen, dass öffentliche Mittel im besten Interesse des Landes verwaltet wurden.

Der Skandal warf wichtige Fragen über die Befugnisse des Präsidenten und deren Grenzen auf und führte zu Diskussionen über das Ausmaß des präsidentiellen Einflusses sowie die Notwendigkeit von Kontrollmechanismen gegen Machtmissbrauch.

Die Präsidentschaft von Warren G. Harding wurde durch den Skandal stark beschädigt. Obwohl er starb, bevor der Skandal vollständig aufgedeckt wurde, blieb seine Amtszeit von den Ereignissen um den Teapot-Dome überschattet.

Der Teapot-Dome-Skandal wird oft als eines der eklatantesten Beispiele für Regierungskorruption in der US-Geschichte zitiert und dient als Lehrmaterial über die Bedeutung ethischen Regierens und die Gefahren der Korruption.

Der Skandal führte zu einer breiten Diskussion über Ethik in der Regierung und veranlasste eine Neubewertung der ethischen Richtlinien für Regierungsbeamte.

Die Rolle der Medien bei der Aufdeckung des Skandals war entscheidend. Sie zeigten die Bedeutung einer freien und unabhängigen Presse in einer demokratischen Gesellschaft.

Der Skandal beeinflusste auch den Umgang mit zukünftigen politischen Skandalen und wurde zu einem Referenzpunkt für die Untersuchung politischer Korruption.

Die Wahrnehmung der Regierung in der Öffentlichkeit änderte sich durch den Skandal, was zu einem Vertrauensverlust in Regierungsbeamte und einer Zunahme der Skepsis gegenüber dem Regierungshandeln führte.

Die Auswirkungen des Skandals werden noch heute diskutiert und dienen als Anschauungsbeispiel für die Bewertung staatlicher Korruption und deren Folgen.

Das Vermächtnis des Teapot-Dome-Skandals ist bedeutsam. Er bleibt ein Symbol für politische Korruption und dient als Mahnung vor den Gefahren unkontrollierter Macht sowie der Bedeutung von Transparenz und Rechenschaftspflicht in der Regierung.

1. Aufgedeckt - uncovered

2. Ausmaß - extent
3. Befugnisse - powers
4. Bedeutenden - significant
5. Beeinflusste - influenced
6. Bevölkerung - population
7. Bewusstsein - awareness
8. Eklatantesten - most blatant
9. Ehrlichkeit - honesty
10. Erhöhte - increased
11. Erlassen - enacted
12. Geschädigt - damaged
13. Integrität - integrity
14. Korruptionspotenzial - corruption potential
15. Machtmissbrauch - abuse of power
16. Neubewertung - reassessment
17. Rechenschaftspflicht - accountability
18. Regierungsbeamte - government officials
19. Überschattet - overshadowed
20. Veranlasste - prompted

Die Tuskegee-Syphilis-Studie (1932-1972)

1. Hintergrund der Tuskegee-Syphilis-Studie

Die Tuskegee-Syphilis-Studie war ein medizinisches Forschungsprojekt, das von 1932 bis 1972 in Tuskegee, Alabama, in den Vereinigten Staaten durchgeführt wurde. Hauptzweck dieser Studie war es, den natürlichen Verlauf einer unbehandelten Syphilis bei afroamerikanischen Männern zu beobachten.

Etwa 600 afroamerikanische Männer nahmen an der Studie teil. Viele von ihnen litten an Syphilis, einer ernsthaften Krankheit, die ohne angemessene Behandlung zu langfristigen Gesundheitsproblemen und sogar zum Tod führen kann. Trotz der Schwere ihrer Erkrankung wurden diese Männer nicht angemessen über die Natur der Studie informiert, an der sie teilnahmen.

Die Teilnehmer wurden getäuscht, indem man ihnen vorgaukelte, sie würden kostenlose Gesundheitsfürsorge von der Regierung erhalten. In Wirklichkeit wurden sie nicht gegen Syphilis behandelt, selbst als wirksame Behandlungen verfügbar wurden. Diese Täuschung war ein zentraler Aspekt des unethischen Charakters der Studie.

Der U.S. Public Health Service war für die Durchführung der Studie verantwortlich. Die beteiligten Ärzte und Forscher beobachteten die Männer während der gesamten Studie, ohne ihnen die notwendige Behandlung gegen Syphilis anzubieten. Dies war ein klarer Fall von Rassendiskriminierung, da die Studie gezielt afroamerikanische Männer ansprach und deren Vertrauen in das medizinische System ausnutzte.

Während die Krankheit bei den Männern fortschritt, beobachteten die Mediziner lediglich ihren Gesundheitszustand, ohne in den Krankheitsverlauf einzugreifen oder die Syphilis zu behandeln. Dieses Vorgehen war ethisch höchst bedenklich und stand im Widerspruch zu den Grundprinzipien der medizinischen Versorgung und der Achtung vor dem menschlichen Leben.

Die Auswirkungen auf die Teilnehmer waren verheerend. Viele litten unter schweren gesundheitlichen Problemen als Folge ihrer unbehandelten Syphilis. Dies umfasste körperliche Schmerzen, geistigen Verfall und in einigen Fällen den Tod.

Ein weiteres Hauptproblem der Studie war der Mangel an Vertraulichkeit. Die privaten medizinischen Daten der Teilnehmer waren nicht geschützt und ihre Identität wurde oft ohne ihre Zustimmung preisgegeben.

Zudem gab es einen erheblichen Mangel an Aufsicht oder ethischer Überprüfung der Studie. Zu dieser Zeit waren die Vorschriften und Standards für medizinische Forschung noch nicht so streng wie heute. Dieser Mangel an Aufsicht ermöglichte es, dass die Studie vierzig Jahre lang fortgesetzt wurde, ohne dass sie unterbrochen oder hinterfragt wurde.

Die Tuskegee-Syphilis-Studie wird heute als gravierender Verstoß gegen ethische Standards in der medizinischen Forschung angesehen. Sie mahnt eindringlich, wie wichtig Zustimmung, Ehrlichkeit und die Achtung der Menschenrechte in allen medizinischen und wissenschaftlichen Unternehmungen sind.

1. Achtung - respect
2. Auswirkungen - effects
3. Behandlung - treatment
4. beteiligten - involved
5. Durchführung - conduct
6. einzugreifen - to intervene
7. ernsthaften - serious
8. Forschungsprojekt - research project
9. geistigen - mental
10. getäuscht - deceived
11. Gesundheitsfürsorge - health care
12. Hauptproblem - main problem
13. Krankheitsverlauf - course of the disease
14. Mediziner - physicians
15. Rassendiskriminierung - racial discrimination
16. Schmerzen - pain
17. Teilnehmer - participants
18. Täuschung - deception

19. unbehandelten - untreated
20. Vertraulichkeit - confidentiality

2. Entdeckung und Reaktion auf die Studie

Die Tuskegee-Syphilis-Studie blieb bis 1972 weitgehend unbekannt in der Öffentlichkeit. In diesem Jahr wurde die Studie aufgedeckt, und die unethischen Praktiken, die stattgefunden hatten, wurden enthüllt. Die Entdeckung war für viele ein Schock und erregte schnell die Aufmerksamkeit der Medien. Zeitungen und Fernsehsender berichteten ausführlich über die Studie und informierten die Öffentlichkeit über die Geschehnisse.

Die Enthüllung der Studie löste in der Öffentlichkeit große Empörung aus. Die Menschen waren schockiert und verärgert darüber, dass die Regierung eine derart unethische Studie durchgeführt hatte. Insbesondere die afroamerikanische Gemeinschaft war zutiefst betroffen, da die Studie speziell auf afroamerikanische Männer ausgerichtet war.

Die Regierung wurde für ihre Rolle in der Studie heftig kritisiert. Ethiker und die breite Öffentlichkeit verurteilten die Studie scharf wegen ihres Mangels an ethischer Verantwortung und der Missachtung menschlichen Lebens.

Die gesundheitlichen Folgen für die Teilnehmer waren gravierend. Viele der Männer litten unter schweren gesundheitlichen Problemen aufgrund ihrer unbehandelten Syphilis, darunter Herzerkrankungen, Organschäden und geistiger Verfall.

Als Reaktion auf diese Enthüllungen wurden rechtliche Schritte gegen die Regierung eingeleitet. Klagen wurden im Namen der Teilnehmer und ihrer Familien eingereicht, um Gerechtigkeit und Entschädigung für den entstandenen Schaden zu fordern.

Die Überlebenden der Studie und ihre Familien erhielten letztendlich eine Entschädigung als Anerkennung des erlittenen Leids.

Jahre später entschuldigte sich die US-Regierung offiziell für die Tuskegee-Syphilis-Studie, was ein wichtiger Schritt zur Anerkennung des den Teilnehmern und ihren Familien zugefügten Unrechts war.

Die Studie verstärkte das Misstrauen der afroamerikanischen Gemeinschaft gegenüber dem medizinischen System und beleuchtete die rassistischen Ungleichheiten im Gesundheitswesen.

Als Reaktion auf die Studie kam es zu umfassenden Reformen in der Forschungsethik, einschließlich der Stärkung der informierten Zustimmung.

Die Tuskegee-Syphilis-Studie dient heute als Fallstudie in der medizinischen und ethischen Ausbildung und unterstreicht die Bedeutung ethischer Standards in der medizinischen Forschung und Praxis.

Das Vermächtnis der Teilnehmer an der Tuskegee-Syphilis-Studie ist eine eindringliche Erinnerung an ihr Leiden und dient als Mahnung für die Bedeutung ethischer Standards in der medizinischen Forschung und Praxis.

1. Anerkennung - recognition
2. ausgerichtet - targeted
3. beleuchtete - highlighted
4. berichteten - reported
5. betroffen - affected
6. eingeleitet - initiated
7. Empörung - outrage
8. enthüllt - revealed
9. Enthüllung - revelation
10. Entschädigung - compensation
11. erregte - stirred
12. Ethiker - ethicists
13. Forschungsethik - research ethics
14. Folgen - consequences
15. Herzerkrankungen - heart diseases

16. informierten Zustimmung - informed consent
17. Misstrauen - mistrust
18. Organschäden - organ damage
19. rechtliche Schritte - legal actions
20. verärgert - upset

3. Langfristige Auswirkungen und Vermächtnis

Die Tuskegee-Syphilis-Studie, die 1972 abgeschlossen wurde, hat die medizinische Forschung und die afroamerikanische Gemeinschaft nachhaltig beeinflusst. Die unethische Natur der Studie führte zu bedeutenden Änderungen in der Durchführung medizinischer Forschung.

Eines der wichtigsten Ergebnisse war die Reform der Forschungspraktiken. Die Studie unterstrich die Notwendigkeit ethischer Standards in der medizinischen Forschung und führte zu strengeren Richtlinien sowie einer besseren Überwachung. Dies war entscheidend, um das Wohl und die Rechte der Teilnehmer in medizinischen Studien zu schützen.

Die Studie führte auch zur Einführung von Gesetzen zur informierten Zustimmung. Diese Gesetze fordern, dass alle Teilnehmer an medizinischer Forschung vollständig über die Studie informiert werden und ihr Einverständnis geben müssen. Diese Änderung trug dazu bei, das Vertrauen in die medizinische Forschung wiederherzustellen und Transparenz zu gewährleisten.

Die Studie löste bei Afroamerikanern ein lang anhaltendes Misstrauen gegenüber dem medizinischen System aus, da sie sich von der unethischen Behandlung betrogen fühlten. Dies führte verständlicherweise zu einer Skepsis gegenüber medizinischen Absichten und Praktiken.

Als Reaktion auf die Studie kam es zu bedeutenden Reformen im Gesundheitswesen, insbesondere im Bereich der Patientenrechte und ethischen Behandlung. Diese Reformen zielten darauf ab, ähnliche Vorfälle zu verhindern und eine gerechte Behandlung aller Patienten sicherzustellen.

Zu Ehren der Opfer der Studie wurden Gedenkstätten eingerichtet. Diese erinnern an das erlittene Leid der Teilnehmer und betonen die Bedeutung ethischen Verhaltens in der medizinischen Praxis.

Es wurden Bildungsprogramme entwickelt, um über die Tuskegee-Syphilis-Studie aufzuklären. Diese Programme zielen darauf ab, sicherzustellen, dass künftige Generationen die Folgen unethischer medizinischer Praktiken verstehen und die Wichtigkeit ethischer Standards im Gesundheitswesen erkennen.

Die Studie schärfte das Bewusstsein für Rassismus in der Medizin und zeigte rassische Ungleichheiten im Gesundheitswesen auf. Sie verdeutlichte die Notwendigkeit von Gleichheit und Fairness in der medizinischen Behandlung und Forschung.

Es wurden politische Änderungen vorgenommen, um ähnliche unethische Studien zu verhindern. Diese umfassten strengere ethische Richtlinien und eine intensivere Überwachung der medizinischen Forschung.

In der medizinischen Ethikausbildung wird die Tuskegee-Syphilis-Studie heute als Schlüsselfall herangezogen. Sie dient als Lehrbeispiel über die Bedeutung der Ethik in der medizinischen Forschung und Praxis.

Die Studie sensibilisierte die Öffentlichkeit für ethische Fragen in der medizinischen Forschung und führte zu einer stärkeren Forderung nach ethischen Praktiken.

Die fortgesetzte Forschung über Syphilis und andere Krankheiten wurde unter ethischen Gesichtspunkten durchgeführt, mit Schwerpunkt auf der Achtung der Teilnehmerrechte und der Sicherstellung einer informierten Zustimmung.

Die Studie führte auch zu verstärkten Unterstützungsmaßnahmen für betroffene Gemeinden, um deren gesundheitliche und soziale Bedürfnisse zu adressieren.

Dokumentarfilme und Bücher über die Tuskegee-Syphilis-Studie trugen zur weiteren Aufklärung der Öffentlichkeit bei und hielten die Erinnerung an die Studie wach.

Jährliche Gedenkveranstaltungen erinnern an die Studie und ihre Auswirkungen. Sie betonen die Bedeutung ethischen Verhaltens in der medizinischen Forschung und die Notwendigkeit, wachsam gegenüber unethischen Praktiken zu sein.

Die Tuskegee-Syphilis-Studie bleibt ein zentrales Diskussionsthema in Ethik und Gesundheitswesen. Sie ist ein eindrucksvolles Beispiel für die Notwendigkeit ethischer Integrität in der medizinischen Forschung und für die Bedeutung des Schutzes aller Menschenrechte und des Wohlergehens.

1. Absichten - intentions
2. ähnliche - similar
3. aufklären - educate
4. Auswirkungen - impacts
5. beeinflusst - influenced
6. betrogen - deceived
7. Bewusstsein - awareness
8. Bildungsprogramme - educational programs
9. Durchführung - conduct
10. eingerichtet - established
11. erlittene - suffered
12. Ethikausbildung - ethics education
13. fordern - demand
14. fortgesetzte - continued
15. Gedenkstätten - memorials
16. gerechte - fair
17. Gesundheitswesen - healthcare system
18. informierten Zustimmung - informed consent
19. lang anhaltendes - long-lasting
20. Praktiken - practices

4. Die Tuskegee-Studie im Kontext des Nürnberger Kodex

Die Tuskegee-Syphilis-Studie stellt, betrachtet durch die Brille des Nürnberger Kodex, eine deutliche Erinnerung an die Bedeutung ethischer Richtlinien in der medizinischen Forschung dar. Der Nürnberger Kodex wurde 1947 als Reaktion auf die medizinischen Gräueltaten während des Zweiten Weltkriegs aufgestellt. Obwohl die Tuskegee-Studie begann, bevor der Nürnberger Kodex formuliert wurde, hilft dessen Betrachtung dabei, die ethischen Verstöße der Studie zu verdeutlichen.

Der Nürnberger Kodex umfasst zehn Grundsätze für ethische medizinische Forschung, mit Fokus auf dem Schutz und den Rechten der Probanden. Zu den Aspekten des Kodex, gegen die die Tuskegee-Studie verstoßen hat, gehören:

1. Informierte Zustimmung: Der grundlegendste Grundsatz des Nürnberger Kodex ist die freiwillige Einwilligung nach umfassender Aufklärung. Die Männer in der Tuskegee-Studie wurden nicht vollständig informiert und über die wahre Natur der Studie getäuscht.

2. Wohltätigkeit und Nicht-Maliziösität: Der Kodex fordert, unnötiges körperliches und geistiges Leiden in Experimenten zu vermeiden. In der Tuskegee-Studie wurde den Teilnehmern eine wirksame Behandlung vorenthalten, was zu erheblichem Leiden und Tod führte und somit gegen diesen Grundsatz verstieß.

3. Recht auf Rücktritt: Der Kodex besagt, dass Teilnehmer das Recht haben, ihre Teilnahme an einer Studie jederzeit zu beenden. Dieses Recht wurde in der Tuskegee-Studie nicht effektiv kommuniziert oder respektiert.

4. Risiko-Nutzen-Analyse: Ethische Forschung erfordert eine sorgfältige Abwägung von Risiken und Nutzen. Die Tuskegee-Studie vernachlässigte diese Abwägung grob, da die Risiken einer unbehandelten Syphilis den Nutzen bei weitem überwogen.

5. Qualifizierte Wissenschaftler: Obwohl die Forscher der Tuskegee-Studie fachlich qualifiziert waren, mangelte es

ihnen an ethischem Urteilsvermögen und wissenschaftlicher Integrität, was einen Verstoß gegen die Forderungen des Nürnberger Kodex nach hohen ethischen und wissenschaftlichen Standards darstellt.

Die Tuskegee-Studie erschütterte das öffentliche Vertrauen und sensibilisierte für die Notwendigkeit strenger ethischer Standards in der medizinischen Forschung. Die Empörung und Besorgnis über die Studie trugen wesentlich zur Entwicklung moderner ethischer Standards bei, einschließlich der informierten Zustimmung und der Einrichtung institutioneller Prüfungsausschüsse (IRBs) zur Überwachung der Forschung mit menschlichen Teilnehmern.

Der Nürnberger Kodex dient im Kontext der Tuskegee-Syphilis-Studie als Maßstab für die Bewertung der ethischen Mängel der Studie. Er betont die Wichtigkeit, die Würde, Rechte und das Wohlergehen der Forschungsteilnehmer zu respektieren. Das Vermächtnis der Tuskegee-Studie, in Verbindung mit den im Nürnberger Kodex festgelegten Grundsätzen, beeinflusst weiterhin das ethische Verhalten in der medizinischen Forschung und die Entwicklung von Schutzmaßnahmen für Teilnehmer an klinischen Studien.

1. Abwägung - consideration
2. Aufklärung - information
3. Ausschüsse - committees
4. Besorgnis - concern
5. Betrachtung - consideration
6. Einwilligung - consent
7. Empörung - outrage
8. Ethik - ethics
9. fachlich - professional
10. Gräueltaten - atrocities
11. Grundsätze - principles
12. informierten Zustimmung - informed consent
13. Integrität - integrity
14. Maliziösität - maliciousness

15. Prüfungsausschüsse - review boards
16. Recht auf Rücktritt - right to withdraw
17. Risiko-Nutzen - risk-benefit
18. Teilnehmer - participants
19. Tuskegee-Studie - Tuskegee Study
20. Wohltätigkeit - beneficence

Das Komplott vom 20. Juli und die Operation Walküre: Der Versuch, Hitler zu stürzen

1. Hintergrund des Komplotts vom 20. Juli und der Operation Walküre

Im Jahr 1944, während des Zweiten Weltkrieges, ereigneten sich in Deutschland zwei bedeutende Vorfälle: das Komplott vom 20. Juli und die Operation Walküre. In dieser Zeit war Deutschland unter der Herrschaft Adolf Hitlers, der das Land mit seinem Naziregime regierte. Aber nicht alle in Deutschland unterstützten Hitlers Herrschaft. Einige deutsche Offiziere, die mit Hitlers Führung unzufrieden waren, hegte wachsende Unzufriedenheit.

Adolf Hitler, der Führer des nationalsozialistischen Deutschlands, war das Hauptziel des Komplotts vom 20. Juli. Dieses Komplott war ein Attentatsversuch, um Hitler zu entmachten. Gleichzeitig zur Operation Walküre, einem Plan, der es der Armee ermöglichen sollte, die Kontrolle über Deutschland im Falle eines Notstandes, wie z.B. eines Volksaufstandes oder Hitlers Tod, zu behalten.

Die Operation 'Walküre' wurde jedoch grundlegend geändert. Der Plan wurde umgestaltet, um die Bewegung zum Sturz Hitlers zu unterstützen. Das war ein zentraler Teil des Komplotts vom 20. Juli, da es den Verschwörern erlauben sollte, die Kontrolle über die Regierung zu übernehmen, sobald Hitler getötet wurde.

Zu den Schlüsselfiguren dieser Pläne gehörten Claus von Stauffenberg, ein deutscher Armeeoffizier, und andere hochrangige Offiziere. Diese Verschwörer wollten den Zweiten Weltkrieg beenden und Hitlers Tyrannei ein Ende setzen. Sie hofften, durch die Beseitigung Hitlers den Frieden mit den Alliierten aushandeln und Deutschland vor weiterer Zerstörung retten zu können.

Um das Attentat zu planen, trafen sich die Verschwörer heimlich. Sie waren sich der immensen Risiken ihres Plans bewusst. Würden sie entdeckt, drohte ihnen der sichere Tod.

Trotzdem waren sie entschlossen, ihren Plan, Hitler mit einer Bombe zu ermorden, fortzusetzen.

Die Kommunikation zwischen den Verschwörern war entscheidend und musste diskret erfolgen. Sie nutzten verschlüsselte Nachrichten, um ihre Pläne zu koordinieren, da eine Entdeckung zu sofortiger Verhaftung und Hinrichtung führen würde.

Die Unterstützung für das Komplott innerhalb des Militärs war begrenzt, aber bedeutend. Nicht alle Militäroffiziere unterstützten das Attentat auf Hitler, da viele ihm treu blieben. Diese Loyalität zum Militär war für die Verschwörer eine große Herausforderung.

In Vorbereitung auf die Zeit nach dem Attentat planten die Verschwörer auch eine neue Regierung. Sie wollten eine Regierung einsetzen, die Deutschland nach Hitlers Tod leiten sollte, in der Hoffnung, Stabilität und Ordnung im Land wiederherzustellen.

Das Komplott vom 20. Juli und die Operation Walküre markieren einen kritischen Moment in der Geschichte, als eine Gruppe hochrangiger Offiziere sich mutig gegen Tyrannei und Diktatur stellte. Ihre Handlungen zeigten den tiefen Widerstand in Deutschland gegen Hitlers Herrschaft und verdeutlichten die Komplexität des Widerstands innerhalb eines totalitären Regimes.

1. Attentat - assassination
2. Attentatsversuch - assassination attempt
3. Bewegung - movement
4. Bomben - bombs
5. Entdeckung - discovery
6. Führung - leadership
7. Geändert - altered
8. Herrschaft - rule
9. hochrangige - high-ranking
10. Kommunikation - communication
11. Komplott - plot
12. Kontrolle - control

13. Militär - military
14. Naziregime - Nazi regime
15. Notstand - emergency
16. Offiziere - officers
17. Regierung - government
18. Risiken - risks
19. Tyrannei - tyranny

2. Der Attentatsversuch

Am 20. Juli 1944 ereignete sich ein bedeutendes Ereignis in der Geschichte des Zweiten Weltkriegs: ein Attentat auf Adolf Hitler. Dieses Attentat war Teil des Komplotts vom 20. Juli, das darauf abzielte, Hitler zu entmachten und den Verlauf des Krieges zu ändern.

Der Schauplatz des Attentats war Hitlers Hauptquartier in der Wolfsschanze, ein schwer bewachter Gefechtsstand in Ostpreußen. Hier führte Hitler einen Großteil seiner Kriegsplanungen durch und wurde aufgrund seiner Bedeutung als Ort für das Attentat ausgewählt.

Die Schlüsselfigur bei diesem Versuch war Claus von Stauffenberg, ein deutscher Armeeoffizier und eines der führenden Mitglieder des Komplotts. Er wurde mit der entscheidenden Aufgabe betraut, die Bombe, die Hitler töten sollte, zu transportieren.

Die bei dem Attentat verwendete Bombe war in einer Aktentasche versteckt. Diese Bombe in der Aktentasche wurde gewählt, weil sie tragbar war und leicht zu einem Treffen mit Hitler mitgebracht werden konnte.

Stauffenberg platzierte die Aktentasche mit der Bombe erfolgreich in der Nähe Hitlers und verließ den Raum. Die Bombe explodierte und richtete erheblichen Schaden an. Durch eine Laune des Schicksals überlebte Hitler jedoch die Explosion. Die Platzierung der Aktentasche und die Struktur des Raumes trugen wahrscheinlich dazu bei, dass Hitler überlebte.

Nach der Explosion herrschte zunächst Verwirrung darüber, ob Hitler tot oder lebendig war. Diese Verwirrung spielte eine entscheidende Rolle bei den nachfolgenden Ereignissen des Tages.

Trotz dieser Ungewissheit wurde die Operation Walküre aktiviert. Dieser Plan, ursprünglich dazu gedacht, das Ersatzheer zu mobilisieren, um im Falle von Hitlers Tod die Kontrolle über Deutschland zu übernehmen, wurde in dem Glauben gestartet, dass Hitler ermordet worden war.

Das Scheitern des Attentats führte jedoch dazu, dass viele der Verschwörer schnell verhaftet wurden. Das Naziregime ging rasch dazu über, die an dem Komplott Beteiligten zu verhaften.

Letztendlich wurde das Hauptziel des Komplotts - die Ermordung Hitlers und die Übernahme der Regierungsgewalt - nicht erreicht. Das Scheitern des Attentats hatte erhebliche Konsequenzen.

Die Explosion forderte viele Opfer; mehrere Menschen wurden getötet oder verletzt. Hitler war jedoch nicht darunter, und sein Überleben bedeutete, dass das NS-Regime an der Macht blieb.

Die unmittelbare Reaktion des NS-Regimes bestand darin, den Putschversuch aggressiv zu unterdrücken. Die Sicherheits- und Nachrichtendienste des Regimes ergriffen rasch Maßnahmen, um die Ausbreitung des Putsches zu verhindern.

Das Scheitern des Plans hatte tiefgreifende Auswirkungen auf den Verlauf des Zweiten Weltkriegs. Es verlängerte wohl den Krieg, da Hitlers Tod zu einem schnelleren Ende des Konflikts hätte führen können.

Das Komplott vom 20. Juli löste bei den Nazifunktionären Angst aus. Es zeigte, dass es innerhalb des eigenen Militärs eine erhebliche Opposition gegen Hitler gab, was dem Nazi-Regime nicht ganz bewusst war.

Nach dem Ereignis wurde die Öffentlichkeit auf das Komplott aufmerksam. Viele Deutsche erfuhren von dem Versuch, Hitler zu töten, was die Existenz von Widerstand gegen das NS-Regime in Deutschland ans Licht brachte.

Hitler reagierte auf das gescheiterte Attentat mit einem verschärften Vorgehen gegen Andersdenkende. Das Regime wurde noch repressiver, mit verstärkter Überwachung und härteren Strafen für diejenigen, die im Verdacht standen, gegen Hitler zu sein.

Das Komplott vom 20. Juli und das Attentat auf Hitler waren Schlüsselmomente in der Geschichte des nationalsozialistischen Deutschlands. Sie demonstrierten den Mut derjenigen, die sich Hitlers Regime widersetzten, und die extremen Risiken, die sie einzugehen bereit waren, um den Lauf der Geschichte zu verändern.

1. Aktentasche - briefcase
2. Andersdenkende - dissenters
3. Armeeoffizier - army officer
4. Ausbreitung - spread
5. Ersatzheer - reserve army
6. Gefechtsstand - command post
7. Kriegsplanungen - war planning
8. Laune - whim
9. mobilisieren - mobilize
10. Nachrichtendienste - intelligence services
11. NS-Regime - Nazi regime
12. Opfer - victims
13. Putschversuch - coup attempt
14. Schicksals - fate
15. Sicherheitsdienste - security services
16. tragbar - portable
17. Treffen - meeting
18. Übernahme - takeover
19. Unterdrückung - suppression
20. Verschwörer - conspirators

3. Nachwirkungen und Auswirkungen

Die Folgen des Attentats vom 20. Juli auf Adolf Hitler und der damit verbundenen Operation Walküre hatten sowohl in Deutschland als auch international weitreichende Konsequenzen. Die Reaktion des NS-Regimes war schnell und hart und betraf nicht nur die unmittelbar am Attentat Beteiligten, sondern auch die deutsche Gesellschaft und das Militär im Allgemeinen.

Nach dem gescheiterten Attentat drohte den Verschwörern eine harte Strafe. Die meisten von ihnen wurden entweder hingerichtet oder inhaftiert. Das NS-Regime sorgte schnell dafür, dass die Beteiligten einen hohen Preis für ihre Taten zahlten.

Gegen viele der an der Verschwörung beteiligten Personen wurden Prozesse geführt. Diese Prozesse waren jedoch oft "Schauprozesse", denen es an Fairness mangelte und die eher dazu dienten, ein Exempel an den Verschwörern zu statuieren, als für Gerechtigkeit zu sorgen. Die Verfahren wurden vom NS-Regime als Propagandainstrument genutzt.

Adolf Hitler ordnete harte Vergeltungsmaßnahmen gegen die Verschwörer an. Diese Maßnahmen betrafen nicht nur die Verschwörer selbst, sondern waren auch eine Botschaft, die jeden künftigen Widerstand gegen das NS-Regime verhindern sollte.

Auch die Familien der Verschwörer waren von Verfolgung bedroht. Dies war eine gängige Taktik der Nazis, um diejenigen einzuschüchtern und zu bestrafen, die sie als Feinde betrachteten, und das Leid über die Schuldigen hinaus zu vergrößern.

Als Reaktion auf das Komplott wurden die Sicherheitsmaßnahmen um Hitler erheblich verschärft. Das NS-Regime wurde noch wachsamer und paranoider, um Hitler vor möglichen Bedrohungen zu schützen.

Die Auswirkungen auf das deutsche Militär waren tiefgreifend. Die Armee wurde von mutmaßlichen Abweichlern gesäubert, was zum Verlust vieler erfahrener und qualifizierter Offiziere führte. Diese Säuberung schwächte die Effektivität des deutschen Militärs in der Spätphase des Zweiten Weltkriegs.

Das Komplott vom 20. Juli warf moralische Fragen zum Widerstand gegen ein tyrannisches Regime auf. Es löste Debatten über die Rechtfertigung von Attentaten und Widerstand unter extremen Umständen aus.

Die internationale Reaktion auf das Attentat war gemischt. Während einige die Attentäter als Helden betrachteten, die sich gegen eine brutale Diktatur wehrten, sahen andere in der Tat eine verzweifelte und vergebliche Geste.

Historisch gesehen wurde das Komplott vom 20. Juli zu einem Symbol des Widerstands gegen Nazideutschland. Es stellte einen bedeutenden Akt des Trotzes gegen ein Regime dar, das jede Form der Opposition unterdrückt hatte.

Das Ereignis wurde in historischen Aufzeichnungen gut dokumentiert, die einen detaillierten Bericht über das Komplott und seine Folgen enthalten. Diese Aufzeichnungen sind von unschätzbarem Wert für das Verständnis der Komplexität und Dynamik des Widerstands in Nazi-Deutschland.

Mit der Zeit wurde die Tapferkeit der Verschwörer anerkannt. Sie wurden als Menschen angesehen, die angesichts überwältigender Chancen großen Mut bewiesen und unter Einsatz ihres Lebens für ihre Überzeugungen eintraten.

Zu Ehren derjenigen, die durch das Attentat vom 20. Juli Widerstand gegen Hitler und das Naziregime leisteten, wurden Denkmäler errichtet. Diese Denkmäler erinnern an die Tapferkeit und die Opferbereitschaft der Beteiligten.

Im Unterricht wird der 20. Juli als bedeutendes Ereignis der Geschichte behandelt. Er ist ein Beispiel für Zivilcourage und Widerstand unter extrem schwierigen Umständen.

Die Handlung und ihre Folgen wurden in verschiedenen kulturellen Darstellungen, einschließlich Filmen und Büchern, aufgegriffen. Diese Darstellungen haben dazu beigetragen, die Geschichte der Handlung für künftige Generationen lebendig und relevant zu halten.

Das Vermächtnis des Attentats vom 20. Juli bleibt ein wichtiger Teil der deutschen Geschichte. Es ist ein Beweis dafür, dass es auch in Zeiten weit verbreiteter Unterdrückung und Angst Akte des Mutes und des Widerstandes geben kann, die Ungerechtigkeit und Tyrannei herausfordern.

1. Abweichlern - dissenters
2. Attentat - assassination
3. Beteiligten - participants
4. Denkmäler - monuments
5. Einschüchterung - intimidation
6. Effektivität - effectiveness
7. Familien - families
8. gemischt - mixed
9. Helden - heroes
10. moralische - moral
11. mutmaßlichen - alleged
12. Nazideutschland - Nazi Germany
13. Opferbereitschaft - sacrifice
14. Prozesse - trials
15. Rechtfertigung - justification
16. Schauprozesse - show trials
17. Säuberung - purge
18. Tapferkeit - bravery
19. Tyrannis - tyranny
20. Vergeltungsmaßnahmen - retaliatory measures

4. Die Rolle und das Vermächtnis der Operation Valkyrie

Die Operation Walküre spielte eine zentrale Rolle beim Attentat vom 20. Juli 1944 auf Adolf Hitler und beeinflusste nachhaltig die historische und ethische Diskussion.

Ursprünglich war die Operation Walküre dazu gedacht, innere Unruhen in Deutschland zu kontrollieren. Sie war ein Plan, der es dem deutschen Ersatzheer ermöglichte, im Falle einer Störung die Verwaltung des Landes zu übernehmen. Die Zielsetzung von Walküre änderte sich jedoch erheblich, als sie mit dem Anti-Hitler-

Putsch in Verbindung gebracht wurde. Die Verschwörer modifizierten den Plan, um ihn als Instrument zum Sturz Hitlers und zur Übernahme der Regierungsgewalt zu nutzen.

Die Umsetzung von Walküre war voller Verwirrung, vor allem nach dem Fehlschlagen des Attentats auf Hitler. Die Aktivierung des Plans sollte den Zusammenbruch des Nazi-Regimes signalisieren, doch da Hitler überlebte, führte dies zu Chaos und Unsicherheit unter den Beteiligten.

Walküre war ein wesentlicher Bestandteil des Plans der Verschwörer für eine Nach-Hitler-Regierung. Sie hofften, mit dieser Operation Deutschland zu stabilisieren und Frieden mit den Alliierten auszuhandeln. Die Verschwörer, zu denen auch Claus von Stauffenberg und andere hochrangige Offiziere gehörten, planten eine Regierung ohne Hitler und stellten sich ein Deutschland vor, das frei von der Kontrolle der Nazis war.

Die Aktivierung von Walküre scheiterte jedoch letztlich am Überleben Hitlers. Da es nicht gelang, Hitler zu töten, konnte das Komplott nicht wie geplant durchgeführt werden, was zum Scheitern der Operation und zur schnellen Festnahme der Verschwörer führte.

Die Ereignisse rund um die Operation Walküre zeigten die Spaltung des deutschen Militärs auf. Während einige das Komplott unterstützten, blieben viele andere Hitler gegenüber loyal, was die Komplexität und die gespaltenen Loyalitäten innerhalb des Militärs offenbarte.

Die strategische Planung, die mit der Änderung und Durchführung der Operation Walküre verbunden war, zeugte von der Weitsicht der Verschwörer und ihrem Verständnis der politischen und militärischen Landschaft. Sie hatten detaillierte Pläne für einen Regierungswechsel nach Hitler, was ihr Engagement für ein reformiertes Deutschland verdeutlicht.

Historiker und Wissenschaftler haben die Operation Walküre wegen ihrer ehrgeizigen Ziele und komplexen Planung eingehend analysiert. Sie gilt als wichtige Fallstudie für militärische Strategie und Widerstandsbewegungen.

Die ethischen Überlegungen, die durch die Operation Walküre aufgeworfen werden, sind von großer Bedeutung. Sie werfen Fragen über die Ethik von Militärputschen und Widerstand in Zeiten von Krieg und Diktatur auf. Die Planung und Durchführung der Operation waren Gegenstand von Debatten über die Kriegsethik und die moralische Verantwortung von Militäroffizieren.

Die Operation Walküre diente als Inspiration für spätere Bewegungen gegen Tyrannei und Unterdrückung. Sie symbolisiert die Möglichkeit des Widerstands selbst unter den schwierigsten und gefährlichsten Umständen.

In Diskussionen über militärische Ethik wird die Operation Walküre oft als Beispiel für den militärischen Widerstand gegen rechtswidrige und tyrannische Regierungsbefehle angeführt. Sie wirft wichtige Fragen über die Pflicht von Soldaten und Offizieren auf, sich ungerechten Befehlen zu widersetzen.

Die Operation hat spätere Versuche, Regime zu stürzen, beeinflusst und diente als Referenz für die Planung und Durchführung von Militärputschen.

Die anhaltende Bedeutung der Operation Walküre für die Erforschung des Widerstands und der Militärethik ist nach wie vor offensichtlich. Sie ist Gegenstand von Interesse und Analysen, die die Komplexität des Widerstands gegen unterdrückerische Regime und die moralischen Dilemmata derjenigen aufzeigen, die militärische Machtpositionen innehaben. Das Vermächtnis der Operation Walküre lebt als Erinnerung an den Mut und die Überzeugung weiter, die erforderlich sind, um sich gegen Tyrannei zu wehren.

1. Aktivierung - activation
2. Alliierten - Allies
3. analysiert - analyzed
4. Änderung - modification
5. Befehle - orders
6. Durchführung - implementation

7. Ehrgeizigen - ambitious
8. Engagement - commitment
9. Fehlschlagen - failure
10. Gegenstand - subject
11. Komplott - plot
12. Loyalitäten - loyalties
13. Militärputschen - military coups
14. Nach-Hitler-Regierung - post-Hitler government
15. Regierungsbefehle - government orders
16. Spaltung - division
17. strategische Planung - strategic planning
18. Tyrannei - tyranny
19. ungerechten - unjust
20. Weitsicht - foresight

Die Cambridge Five (1930er-1950er Jahre)

1. Gründung und Mitglieder der Cambridge Five

Die Cambridge Five waren eine berüchtigte Gruppe sowjetischer Spione, die von den 1930er bis zu den 1950er Jahren im Vereinigten Königreich aktiv waren. Dieses Kapitel gibt einen Überblick über ihre Gründung, ihre Mitglieder und ihre Aktivitäten in diesem Zeitraum.

Die Gruppe erhielt ihren Namen "The Cambridge Five", weil es sich um fünf Männer handelte, die als Spione für die Sowjetunion arbeiteten. Ihre Geschichte begann an der Universität Cambridge, wo sie sich trafen und Verbindungen knüpften, die sich später zu einem der berüchtigtsten Spionageringe des 20. Jahrhunderts entwickelten.

Die Mitglieder dieser Gruppe waren Kim Philby, Donald Maclean, Guy Burgess, Anthony Blunt und John Cairncross. Sie wurden von sowjetischen Geheimdiensten zum Zweck der Spionage rekrutiert. Ihre Rekrutierung basierte größtenteils auf ihrer gemeinsamen Ideologie; die meisten von ihnen waren durch einen starken Glauben an den Kommunismus motiviert, der mit der politischen Haltung der Sowjetunion zu jener Zeit übereinstimmte.

Diese fünf Männer wurden von sowjetischen Geheimdienstoffizieren kontrolliert und geleitet. Sie erhielten Anweisungen und Anleitungen für ihre Spionagetätigkeiten und sorgten dafür, dass ihre Handlungen den sowjetischen Interessen dienten.

Die Aktivitäten der Cambridge Five waren von Geheimnissen umgeben. Sie unternahmen große Anstrengungen, um ihre Spionageaktivitäten vor den britischen Behörden und der Öffentlichkeit zu verbergen. Ihre Fähigkeit, diese Aktivitäten über viele Jahre hinweg geheim zu halten, zeugt von ihren Spionagefähigkeiten.

Während ihrer Zeit an der Universität Cambridge entwickelte die Gruppe eine enge Freundschaft. Diese Freundschaft war entscheidend dafür, dass sie als Spionagering effektiv arbeiten konnten. Ihr gegenseitiges Vertrauen war für ihre Operationen unerlässlich.

Im Laufe der Zeit erlangten die Mitglieder der Cambridge Five hochrangige Positionen im britischen Geheimdienst. Dies ermöglichte ihnen Zugang zu wichtigen Informationen und deren Weitergabe an die Sowjetunion, was während des Zweiten Weltkriegs und des darauf folgenden Kalten Krieges von unschätzbarem Wert für die Sowjets war.

Sie hielten ihre Tarnung aufrecht, indem sie regulären Jobs nachgingen, die ihre wahren Aktivitäten als sowjetische Spione verschleierten. Ihre Positionen in der britischen Regierung und anderen Institutionen verschafften ihnen Zugang zu sensiblen Informationen, die sie an die Sowjetunion weiterleiteten.

Der Grad der Infiltration, den die Cambridge Five erreichten, war bemerkenswert. Sie gelangten in die höchsten Ebenen der britischen Regierung und der Geheimdienste, was sie zu einem der erfolgreichsten sowjetischen Spionageringe jener Zeit machte.

Ihre Auswirkungen auf die britischen Geheimdienstoperationen waren erheblich. Die Informationen, die sie an die Sowjetunion weitergaben, gefährdeten nicht nur zahlreiche Geheimdienstoperationen, sondern hatten auch weitreichende Auswirkungen auf die internationalen Beziehungen während einer spannungsgeladenen Zeit der Weltgeschichte.

Ein Schlüsselelement ihres Erfolgs war das Vertrauen, das sie zu ihrem Vorteil ausnutzten. Aufgrund ihrer Position und des Ansehens, das sie genossen, hatten sie Zugang zu Informationen, die für die nationale Sicherheit von entscheidender Bedeutung waren, und nutzten diese zum Vorteil der Sowjetunion.

Die Geschichte der Cambridge Five ist eine deutliche Erinnerung an die Komplexität der Spionage, an die Verwundbarkeit selbst der sichersten Institutionen und an die Auswirkungen, die eine kleine Gruppe von Personen auf die internationalen Beziehungen und die nationale Sicherheit haben kann.

1. Anleitungen - instructions
2. Anweisungen - instructions
3. Auswirkungen - impacts
4. Behörden - authorities
5. Freundschaft - friendship
6. Geheimdienstoffizieren - intelligence officers
7. Geheimdienstoperationen - intelligence operations
8. Geheimnissen - secrets
9. Geheimnissen - secrets
10. gegenseitiges - mutual
11. hochrangige - high-ranking
12. Infiltration - infiltration
13. nationale Sicherheit - national security
14. Rekrutierung - recruitment
15. Spionagering - spy ring
16. Spionagetätigkeiten - espionage activities
17. Tarnung - cover
18. Verbergen - conceal
19. Vertrauen - trust
20. Zugang - access

2. Spionageaktivitäten und Auswirkungen

Die Spionagetätigkeit der Cambridge Five war sowohl umfangreich als auch einflussreich und erstreckte sich über zwei Jahrzehnte in einer entscheidenden Phase der Weltgeschichte. Ihre Arbeit bei der Beschaffung und Weitergabe sensibler Regierungsinformationen an die Sowjetunion hat die internationalen Beziehungen und Geheimdienstoperationen maßgeblich beeinflusst.

Ihre Hauptaufgabe war das Sammeln von sensiblen Regierungsinformationen. Durch ihren Zugang zu geheimen Dokumenten und Geheimdienstberichten waren sie in der Lage, diskret wichtige Daten für die Sowjetunion zu sammeln. Diese Informationen reichten von politischen Strategien bis hin zu militärischen Plänen und machten ihren Beitrag zum sowjetischen Geheimdienst unglaublich wertvoll.

Während des Zweiten Weltkriegs waren die von den Cambridge Five weitergegebenen Informationen besonders wichtig. Sie versorgten die Sowjetunion mit Informationen über die Kriegsanstrengungen Großbritanniens und seiner Verbündeten. Diese Informationen waren in einer Zeit, in der strategisches Wissen den Verlauf des Krieges maßgeblich beeinflussen konnte, von unschätzbarem Wert.

Im Kalten Krieg hatten ihre Aktivitäten die größte Wirkung. Die Informationen, die sie an die Sowjets weitergaben, verschafften der UdSSR in dieser Zeit intensiver geopolitischer Spannungen einen strategischen Vorteil. Ihre Handlungen in dieser Zeit wurden als ein wichtiger Beitrag zu den nachrichtendienstlichen Bemühungen der Sowjetunion angesehen.

Die Methoden, die sie zur Übermittlung von Informationen einsetzten, waren verdeckt und ausgeklügelt, sodass sie viele Jahre lang unentdeckt bleiben konnten. Sie kommunizierten heimlich mit ihren sowjetischen Kontaktpersonen und setzten verschiedene Mittel ein, um die Vertraulichkeit ihrer Nachrichten zu gewährleisten. Diese geheime Kommunikation war entscheidend für den Erfolg ihrer Operationen.

Die Cambridge Five zielten sowohl auf den politischen als auch auf den militärischen Geheimdienst ab, was ihre Spionagetätigkeit weitreichend und tiefgreifend machte. Trotz des Risikos, enttarnt zu werden, blieben sie durch ihre geschickten Methoden und das Vertrauen ihrer Kollegen lange Zeit unentdeckt.

Ihre lange unentdeckte Tätigkeit stellte eine große Herausforderung für die britische Spionageabwehr dar. Die Cambridge Five gelang es, sich dem Verdacht zu entziehen und ihre Aktivitäten fortzusetzen, was Schwachstellen im britischen Geheimdienstsystem aufzeigte.

Ihre Handlungen hatten weitreichende Auswirkungen auf die internationalen Beziehungen des Vereinigten Königreichs, insbesondere zu seinen Verbündeten. Die undichten Stellen und die letztendliche Aufdeckung ihrer Aktivitäten führten zu Spannungen und Misstrauen und beeinträchtigten die diplomatischen Beziehungen in einer kritischen Phase der Geschichte.

Der Einsatz der damaligen Technologie spielte bei ihren Spionagetätigkeiten eine entscheidende Rolle. Sie nutzten die verfügbaren Ressourcen, um Informationen zu sammeln, zu speichern und zu übermitteln, und zeigten dabei Anpassungsfähigkeit und Innovation in ihren Methoden.

Die Cambridge Five waren für bedeutende Informationslecks verantwortlich, die einige erhebliche Auswirkungen auf die nationale und internationale Sicherheit hatten. Trotz ihrer Bemühungen, ihre Spuren zu verwischen, kamen ihre Aktivitäten schließlich ans Licht und führten zu einem der bedeutendsten Spionageskandale des 20. Jahrhunderts.

In den Augen der Sowjetunion galten die Cambridge Five als großer Erfolg. Sie versorgten die Sowjets mit einer Fülle von Informationen, die sonst unzugänglich gewesen wären, was ihre Operation als einen der effektivsten Fälle von Spionage in dieser Zeit auszeichnete.

Die Geschichte der Cambridge Five ist nicht nur eine Spionagegeschichte, sondern eine Erzählung, die die Komplexität von Loyalität, Ideologie und die weitreichenden Auswirkungen der Geheimdienstarbeit auf die globale Politik und Sicherheit verdeutlicht.

1. Anpassungsfähigkeit - adaptability
2. Bemühungen - efforts
3. diskret - discreetly
4. Einsatz - use
5. entdeckte - discovered
6. enttarnt - exposed
7. fortzusetzen - to continue
8. Geheimdienstberichten - intelligence reports
9. Geheimdienstabwehr - counterintelligence
10. Herausforderung - challenge
11. Informationslecks - information leaks
12. Kriegsanstrengungen - war efforts
13. Methoden - methods
14. Misstrauen - mistrust

15. Sammeln - collecting
16. Spionagetätigkeit - espionage activities
17. Spionageskandale - espionage scandals
18. technologie - technology
19. undichte Stellen - leaks
20. Vertraulichkeit - confidentiality

3. Entdeckung, Nachwirkungen und Vermächtnis

Die Entdeckung der Cambridge Five, einer Gruppe sowjetischer Spione, die im Vereinigten Königreich tätig waren, hatte erhebliche Auswirkungen, die weit über ihren unmittelbaren Spionagebereich hinausgingen.

Die Enttarnung der Cambridge Five durch den britischen Geheimdienst markierte einen entscheidenden Wendepunkt in dieser Spionagegeschichte. Als die Informationen über ihre Aktivitäten ans Licht kamen, löste dies einen großen Skandal und öffentliche Empörung im Vereinigten Königreich aus. Sowohl die Öffentlichkeit als auch die Regierung waren schockiert und entsetzt, als sie erfuhren, dass Spionage auf so hohem Niveau so lange unentdeckt geblieben war.

Einigen Mitgliedern der Cambridge Five gelang die Flucht in die Sowjetunion, nachdem ihre Aktivitäten aufgedeckt worden waren. Diese Flucht trug zur Dramatik des Falles bei und unterstrich das Ausmaß des Verrats.

Die Mitglieder der Cambridge Five mussten sich verschiedenen rechtlichen Konsequenzen für ihre Handlungen stellen. Das Ausmaß dieser Konsequenzen war unterschiedlich, aber ihre Enttarnung und die anschließenden Prozesse oder Überläufe waren bedeutende Ereignisse in der Geschichte der Spionage.

Die Medien berichteten ausführlich über den Skandal und lenkten die Aufmerksamkeit der Öffentlichkeit auf die Feinheiten der Spionage und der Spionageabwehr. Zeitungen und andere Medien berichteten ausführlich über die Entwicklungen und brachten die Komplexität des Falles ans Licht.

Die Entdeckung der Cambridge Five führte zu gründlichen Untersuchungen innerhalb der britischen Geheimdienste. Diese Untersuchungen zielten darauf ab, zu verstehen, wie die Spione so lange unentdeckt operieren konnten, und zielten darauf ab, ähnliche Vorfälle in Zukunft zu verhindern.

Die britische Regierung musste entschlossen auf diese Sicherheitsverletzung reagieren. Die Enthüllungen führten zu einer Neubewertung der nachrichtendienstlichen Verfahren und veranlassten Änderungen in der Art und Weise, wie nachrichtendienstliche Informationen gesammelt und verarbeitet wurden.

Der Fall verschärfte die Spannungen während des Kalten Krieges. Die Tatsache, dass die Sowjetunion erfolgreich Spionage auf so hohem Niveau betrieben hatte, verstärkte das bereits bestehende Misstrauen und die Feindseligkeit zwischen Ost und West.

Das Überlaufen einiger Mitglieder der Cambridge Five hatte erhebliche Auswirkungen auf die internationale Spionage. Es zeigte deutlich, wie hoch der Einsatz in der Welt der Spionage ist und wie weit Einzelne für ihre ideologischen Überzeugungen gehen würden.

Die Geschichte der Cambridge Five wurde zu einem Thema von großem historischen und wissenschaftlichen Interesse. Sie bot wertvolle Einblicke in die Funktionsweise der Spionage in einer der angespanntesten Perioden der Weltpolitik.

Der Fall inspirierte zahlreiche Bücher und Filme und fesselte das Publikum mit seiner Mischung aus Intrigen, Verrat und internationaler Politik. Diese kulturellen Darstellungen trugen dazu bei, dass die Geschichte der Cambridge Five in der öffentlichen Vorstellung lebendig blieb.

Als Reaktion auf den Skandal wurden umfangreiche nachrichtendienstliche Reformen durchgeführt. Diese Reformen zielten darauf ab, die Sicherheit innerhalb der Nachrichtendienste zu erhöhen und eine bessere Überprüfung und Überwachung des Personals zu gewährleisten.

Die Aktivitäten der Cambridge Five führten zu einem tiefen Vertrauensverlust innerhalb der Geheimdienstgemeinschaft. Ihr Verrat führte zu einem vorsichtigeren Ansatz bei nachrichtendienstlichen Operationen und der Rekrutierung.

Die Cambridge Five wurden Teil der Spionagemythologie und -überlieferung. Ihre Geschichte wird oft als Beispiel dafür angeführt, wie Spione auf höchster Ebene agieren können, und für die Herausforderungen der Spionageabwehr.

Ihr Vermächtnis hat die Geschichte der Spionage nachhaltig geprägt. Der Fall der Cambridge Five gilt als einer der bedeutendsten und kühnsten Fälle von Spionage im 20. Jahrhundert und erinnert eindringlich an die Komplexität und die Gefahren, die der Welt der internationalen Spionage innewohnen.

1. Auswirkungen - impacts
2. Berichteten - reported
3. Dramatik - drama
4. Enthüllungen - revelations
5. Entsetzt - horrified
6. Enttarnung - unmasking
7. Feinheiten - nuances
8. Flucht - escape
9. Gründlichen - thorough
10. Kühnsten - boldest
11. Misstrauen - distrust
12. Neubewertung - reassessment
13. Öffentliche Empörung - public outrage
14. Reaktion - response
15. Rechtlichen - legal
16. Skandal - scandal
17. Spannungen - tensions
18. Überlaufen - defection
19. Überwachung - surveillance
20. Verrat - betrayal

Operation Ajax (1953)

1. Hintergrund der Operation Ajax

Die Operation Ajax, ein bedeutendes Ereignis in der Geschichte der internationalen Beziehungen und der Spionage, fand 1953 im Iran statt, einem Land mit reicher Geschichte und wertvollen Ressourcen, insbesondere Öl.

Die zentrale Figur in dieser Operation war Mohammad Mosaddegh, der damals demokratisch gewählte Premierminister des Iran. Mosaddegh war eine bemerkenswerte Persönlichkeit, besonders wegen seiner Entscheidung, die iranische Ölindustrie zu verstaatlichen. Sein Ziel war es, die Kontrolle ausländischer Mächte, insbesondere Großbritanniens, über die wertvollen Ölvorkommen des Iran zu beenden.

Die CIA, die Central Intelligence Agency der Vereinigten Staaten, leitete die Operation Ajax. Ihre Beteiligung war entscheidend für die Planung und Durchführung der Operation. Auch das Vereinigte Königreich spielte über seinen Geheimdienst MI6 eine wichtige Rolle. Die Beteiligung dieser beiden westlichen Großmächte verdeutlicht, wie hoch der Einsatz und die internationalen Auswirkungen der Operation waren.

Der Hintergrund der Operation Ajax war der Kalte Krieg, eine Zeit erheblicher Spannungen zwischen den westlichen Mächten und der Sowjetunion. Die Angst vor der Ausbreitung des Kommunismus und die Besorgnis des Westens über die Verbindungen des Iran zur Sowjetunion waren groß. Die strategische Lage des Iran und seine Ölvorkommen machten ihn zu einem Brennpunkt des Kalten Krieges.

Die westlichen Interessen an der iranischen Ölindustrie waren ein Schlüsselfaktor für die Entscheidung, die Operation Ajax zu starten. Die Verstaatlichung der Ölindustrie durch Mosaddegh bedrohte die wirtschaftlichen Interessen und den Einfluss des Westens in der Region.

Im Iran herrschte zu dieser Zeit politische Instabilität, was einen fruchtbaren Boden für eine solche Operation bot. Die internen

Spaltungen und die Unzufriedenheit innerhalb des Landes ermöglichten es externen Mächten, zu intervenieren.

Die Operation trug den Codenamen "Operation Ajax" und umfasste verdeckte Aktivitäten, die hauptsächlich von der CIA und dem MI6 durchgeführt wurden. Die Planung und Durchführung der Operation wurde geheim gehalten, wobei die Spionagetechniken sehr ausgefeilt waren.

Die Hauptziele der Vereinigten Staaten und des Vereinigten Königreichs waren die Stärkung des westlichen Einflusses im Iran und die Sicherung ihrer Interessen in der Ölindustrie. Dies wurde als entscheidend für die Aufrechterhaltung ihrer globalen Macht und ihrer wirtschaftlichen Interessen angesehen.

Ein wesentlicher Bestandteil der Operation war der Einsatz von Propaganda, um die öffentliche Meinung gegen Mosaddegh zu wenden. Dies geschah, um die Operation zu rechtfertigen und Mosaddeghs politische Position zu schwächen.

Die gesamte Operation war in Geheimhaltung gehüllt. Die Öffentlichkeit, sowohl im Iran als auch international, erfuhr nichts von den verdeckten Aktionen der CIA und des MI6. Diese Geheimhaltung war für den Erfolg der Operation entscheidend und zeigte die heikle Natur der Spionage und der ausländischen Intervention in der Zeit des Kalten Krieges.

Die Operation Ajax ist ein bedeutendes Beispiel für ausländische Einmischung in die Angelegenheiten einer souveränen Nation. Sie verdeutlicht die Komplexität der internationalen Politik während des Kalten Krieges und zeigt, wie weit Regierungen gehen würden, um ihre Interessen im Ausland zu schützen.

1. Ausbreitung - spread
2. ausländische Einmischung - foreign interference
3. Beteiligung - involvement
4. Brennpunkt - focal point
5. Codenamen - codename
6. demokratisch - democratically

7. durchführen - to conduct
8. Einmischung - intervention
9. Geheimhaltung - secrecy
10. globalen Macht - global power
11. Hauptziele - main goals
12. heikle - delicate
13. Instabilität - instability
14. internationale Politik - international politics
15. Ölvorkommen - oil reserves
16. Planung - planning
17. politische Position - political position
18. Propaganda - propaganda
19. Spionagetechniken - espionage techniques
20. Verstaatlichung - nationalization

2. Der Staatsstreich und seine Vollstreckung

Die Operation Ajax, der Staatsstreich zum Sturz des iranischen Premierministers Mohammad Mosaddegh, war eine komplexe und vielschichtige Aktion, die in mehreren Phasen ablief und schließlich zu bedeutenden Veränderungen in der politischen Landschaft des Iran führte.

Der erste Putschversuch verlief nicht wie geplant und scheiterte. Dieser anfängliche Misserfolg hielt die Verschwörer jedoch nicht ab; sie formierten sich neu und änderten ihre Strategie. In der Folge wurden öffentliche Proteste gegen Mosaddegh organisiert. Diese Proteste waren Teil des Plans, eine Atmosphäre des Chaos und der Instabilität zu schaffen, um Mosaddeghs Position zu untergraben und den Putsch zu legitimieren.

Ein entscheidendes Element des Putsches war die Beteiligung des iranischen Militärs. Das Militär spielte eine zentrale Rolle bei der Durchführung des Putsches, was für seinen Erfolg entscheidend war. Diese Beteiligung unterstreicht die internen Spaltungen innerhalb des politischen und militärischen Establishments Irans.

Schließlich wurde Mosaddegh verhaftet, was einen Wendepunkt im Putsch darstellte. Seine Verhaftung war ein

Hauptziel der Operation Ajax, da sie das größte Hindernis für den Erfolg des Putsches beseitigte.

Durch den Staatsstreich wurde die von Mosaddegh geführte Regierung erfolgreich gestürzt. Dies bedeutete einen bedeutenden Wandel in der iranischen Staatsführung und war das Hauptziel der Operation Ajax.

Eine der unmittelbaren Folgen des Putsches war die Rückkehr des Schahs an die Macht. Der Schah, der während des Höhepunkts der Unruhen das Land verlassen hatte, wurde als Herrscher des Iran wieder eingesetzt und übte seine Macht mit größerer Autorität aus.

Die Zeit des Staatsstreichs war von erheblichen zivilen Unruhen geprägt. Es kam zu zahlreichen Demonstrationen und Konflikten, die die tiefe Spaltung der iranischen Gesellschaft und die umstrittene Einmischung des Auslands in die iranischen Angelegenheiten widerspiegelten.

CIA- und MI6-Agenten waren während des Staatsstreichs aktiv im Iran tätig. Ihre Präsenz und Handlungen waren entscheidend für die Koordinierung und Durchführung der Operation und verdeutlichen das Ausmaß der ausländischen Einmischung.

Die Manipulation der Medien war eine der wichtigsten Strategien während des Putsches. Die Verschwörer manipulierten die iranischen Medien, um die öffentliche Meinung zu beeinflussen und Propaganda gegen Mosaddegh zu verbreiten.

Bestechung und Korruption wurden ebenfalls eingesetzt, um Unterstützung für den Putsch zu gewinnen. Diese Taktiken wurden verwendet, um sich die Loyalität von Schlüsselfiguren innerhalb des iranischen Militärs und der Regierung zu sichern.

Gewalt war ein bedauerlicher, aber integraler Bestandteil des Staatsstreichs. Es kam zu gewaltsamen Auseinandersetzungen zwischen verschiedenen Gruppierungen, die zu Opfern führten.

Die internationale Einmischung, insbesondere durch die CIA und den MI6, verdeutlichte das Ausmaß der ausländischen Einmischung in die iranische Innenpolitik. Diese hatte langfristige Auswirkungen auf die Beziehungen des Irans zum Westen.

Der Putsch führte zu einer grundlegenden Veränderung in der politischen Landschaft des Iran. Er veränderte das Machtgleichgewicht im Land und schuf die Voraussetzungen für künftige politische Entwicklungen.

Unmittelbar nach dem Putsch kam es zu bedeutenden politischen Veränderungen im Iran. Diese hatten weitreichende Auswirkungen sowohl auf die Innenpolitik als auch auf die internationalen Beziehungen des Landes.

Die Reaktionen auf den Staatsstreich waren weltweit unterschiedlich. Während einige ihn als notwendige Maßnahme zur Stabilisierung des Iran betrachteten, sahen andere darin ein Beispiel für die imperialistische Einmischung westlicher Mächte.

Die Durchführung der Operation Ajax und der anschließende Sturz der Regierung Mosaddegh waren entscheidende Momente in der Geschichte des Iran. Sie hatten nicht nur für den Iran, sondern auch für die Dynamik der internationalen Politik während des Kalten Krieges erhebliche Konsequenzen.

1. Agenten - agents
2. Angelegenheiten - affairs
3. Auseinandersetzungen - clashes
4. Autorität - authority
5. Bestechung - bribery
6. Beteiligung - involvement
7. Demonstrationen - demonstrations
8. Durchführung - implementation
9. Einmischung - intervention
10. Folgen - consequences
11. Gesellschaft - society
12. gewaltsamen - violent
13. Handlungen - actions
14. Hauptziel - main goal
15. Höhepunkts - climax
16. Koordinierung - coordination
17. Korruption - corruption
18. Loyalität - loyalty

19. Manipulation - manipulation
20. Präsenz - presence

3. Nachwirkungen und langfristige Auswirkungen

Die Folgen der Operation Ajax, des von der CIA und dem britischen Geheimdienst inszenierten Staatsstreichs im Iran im Jahr 1953, hatten tiefgreifende und dauerhafte Auswirkungen, sowohl im Iran als auch auf die internationalen Beziehungen. Das Vermächtnis des Putsches beeinflusst bis heute die Ereignisse und die Wahrnehmung.

Nach dem erfolgreichen Sturz von Premierminister Mohammad Mosaddegh erlangte der Schah von Iran, Mohammad Reza Pahlavi, wieder die Kontrolle und regierte den Iran mehrere Jahrzehnte lang. Seine Herrschaft, die bis zur iranischen Revolution im Jahr 1979 andauerte, war durch ein starkes Bündnis mit dem Westen, insbesondere den USA, gekennzeichnet.

Der Putsch hatte erhebliche Auswirkungen auf die Beziehungen zwischen den USA und dem Iran. Für viele Iraner führte die Rolle der USA beim Sturz einer demokratisch gewählten Regierung zu einem tiefen Gefühl des Verrats und Misstrauens, das die Beziehungen zwischen den beiden Ländern bis heute beeinträchtigt.

Das Regime des Schahs war nach dem Putsch insbesondere von politischer Unterdrückung geprägt. Der iranische Geheimdienst SAVAK wurde für sein hartes Vorgehen bekannt, einschließlich Zensur, Verhaftung, Folterung und Hinrichtung politischer Gegner.

Ein wichtiges Ergebnis des Putsches war die Wiederherstellung der westlichen Kontrolle über das iranische Öl. Dies war eines der Hauptziele des Putsches, da Mosaddegh die Ölindustrie verstaatlicht hatte, was die westlichen Ölinteressen beeinträchtigte.

Die Operation führte auch zu einem Anstieg anti-amerikanischer Stimmung im Iran. Viele Iraner betrachteten die Beteiligung der USA am Staatsstreich als imperialistische

Einmischung in ihre nationalen Angelegenheiten, was Ressentiments und Wut schürte.

Eine der wichtigsten langfristigen Auswirkungen war ihr Beitrag zur iranischen Revolution von 1979. Die Unterdrückung und Politik des Schah-Regimes, gestärkt durch den Staatsstreich, spielten eine Schlüsselrolle für den Aufstieg der Revolution.

Später wurden die Einzelheiten der Operation Ajax bekannt, was das Ausmaß der Beteiligung von CIA und Großbritannien enthüllte. Diese Enthüllungen trugen zur historischen Kontroverse bei und wurden Gegenstand von Debatten und Analysen.

Die Operation ist in der historischen Diskussion kontrovers geblieben und wirft Fragen über die Ethik ausländischer Interventionen und die Rolle mächtiger Nationen in den inneren Angelegenheiten anderer Länder auf.

Die angewandten Taktiken der Operation Ajax prägten künftige verdeckte CIA-Operationen. Der Erfolg des Staatsstreichs wurde zu einem Modell für ähnliche Operationen während des Kalten Krieges.

Die Auswirkungen des Putsches auf die Demokratie in der Region waren erheblich. Er beeinträchtigte die demokratischen Bewegungen im Iran und trug zur Skepsis gegenüber westlicher Demokratieförderung bei.

Die Operation warf Fragen zum Völkerrecht und zur Rechtmäßigkeit solcher ausländischen Interventionen auf und wurde in Diskussionen über Souveränität und internationale Beziehungen thematisiert.

Die Geschichte der Operation Ajax war Gegenstand mehrerer Dokumentationen und Bücher, die ihre Bedeutung und das anhaltende Interesse unterstreichen.

Im Iran ist das Erbe des Putsches tiefgreifend und gilt als entscheidender Moment in der iranischen Geschichte, der die politische Entwicklung des Landes und seine Beziehungen zum Westen prägte.

Global betrachtet beeinflusste der Staatsstreich die Politik des Kalten Krieges und die internationale Dynamik. Er zeigt, wie die Spannungen des Kalten Krieges in verschiedenen Weltregionen zum Ausdruck kamen.

Schließlich schärfte die Operation Ajax das Bewusstsein für ausländische Eingriffe in souveräne Staaten. Sie dient als abschreckendes Beispiel für die langfristigen Folgen solcher Aktionen und unterstreicht die Bedeutung der Achtung internationaler Normen und nationaler Souveränität.

1. Anstieg - increase
2. Beteiligung - involvement
3. Beziehungen - relationships
4. Demokratie - democracy
5. Einmischung - intervention
6. Enthüllungen - revelations
7. Folterung - torture
8. Gefühl - feeling
9. gekennzeichnet - characterized
10. Hinrichtung - execution
11. imperialistische - imperialistic
12. inneren Angelegenheiten - internal affairs
13. Interventionen - interventions
14. Misstrauens - mistrust
15. Politik - policy
16. Ressentiments - resentments
17. SAVAK - SAVAK (Iranian intelligence service)
18. Taktiken - tactics
19. Unterdrückung - oppression

Der Watergate-Skandal (1972)

1. Der Einbruch und die erste Entdeckung

Der Watergate-Skandal, ein Schlüsselmoment in der Geschichte der amerikanischen Politik, begann im Jahr 1972. Im Mittelpunkt stand ein Einbruch in das Hauptquartier des Demokratischen Nationalkomitees (DNC), das sich im Watergate-Bürokomplex in Washington, D.C., befand.

In einem Ereignis, das weitreichende Folgen haben sollte, brach eine Gruppe von Männern in das DNC-Hauptquartier ein. Dieser Einbruch war nicht nur ein einfacher Diebstahl, sondern er sollte sich bald als Teil von etwas viel Größerem herausstellen.

Im Zentrum des Skandals stand die Regierung von Präsident Richard Nixon. Während sich die Nixon-Regierung auf die bevorstehenden Präsidentschaftswahlen vorbereitete, hing der Einbruch mit ihren Bemühungen zusammen, sich im politischen Rennen einen Vorteil zu verschaffen.

Der Einbruch wurde schnell entdeckt und die Einbrecher wurden am Tatort verhaftet. Diese Verhaftung löste eine Kette von Ereignissen aus, die schließlich zu einem der größten politischen Skandale in der amerikanischen Geschichte führen sollten.

Nach dem Einbruch versuchte die Nixon-Regierung zunächst, ihre Beteiligung zu vertuschen. Diese Vertuschungsversuche sollten später zu einem wichtigen Aspekt des Skandals werden.

Die Untersuchung des Einbruchs begann mit einer Polizeiaktion, doch damit war es nicht getan. Journalisten, insbesondere von der Washington Post, begannen, tiefer zu graben und spielten eine Schlüsselrolle bei der Aufdeckung der Hintergründe des Einbruchs.

Durch die Beteiligung der Medien wurde die Öffentlichkeit auf den Fall aufmerksam, und die Bemühungen der Reporter um die Aufdeckung der Wahrheit trugen entscheidend dazu bei, die Einzelheiten des Skandals ans Licht zu bringen. Ihre investigative Arbeit war entscheidend, um das Ausmaß der Verwicklung der Nixon-Regierung aufzudecken.

Die Enthüllung des Einbruchs und der möglichen Verwicklung der Nixon-Regierung führte zu sofortigen politischen Spannungen. Diese Spannungen griffen schnell von politischen Kreisen auf die Öffentlichkeit über.

Das öffentliche Interesse an dem Fall wuchs rasch. Die amerikanische Bevölkerung war sehr daran interessiert, das Ausmaß der Verwicklung der Regierung und die Auswirkungen auf das politische System des Landes zu verstehen.

Trotz sich verdichtender Beweise leugneten Beamte der Nixon-Administration zunächst eine Beteiligung. Diese Leugnungen wurden später im Zuge der Ermittlungen näher untersucht.

Das FBI begann ebenfalls mit der Untersuchung des Einbruchs, was den Ermittlungen eine neue Dimension verlieh. Ihre Beteiligung deutete auf die Ernsthaftigkeit des Falles hin und auf die Möglichkeit erheblicher politischer Auswirkungen.

Einer der aufsehenerregendsten Aspekte des Skandals war die Entdeckung geheimer Tonbandaufnahmen. Präsident Nixon hatte Gespräche im Oval Office aufgezeichnet, und diese Bänder sollten später eine zentrale Rolle in den Ermittlungen spielen.

Ein Senatsausschuss wurde eingerichtet, um den Watergate-Skandal zu untersuchen. Die Arbeit dieses Ausschusses war entscheidend für die öffentliche Aufdeckung der Einzelheiten des Einbruchs und der anschließenden Vertuschungsversuche.

Im Verlauf der Ermittlungen kamen erste Enthüllungen über Verbindungen zwischen dem Einbruch und der Nixon-Regierung ans Licht. Diese Enthüllungen waren nur die Spitze des Eisbergs in einem Skandal, der die Grundfesten der amerikanischen Politik erschüttern sollte.

Der Einbruch in das Hauptquartier des Demokratischen Nationalkomitees und die anfängliche Entdeckung der Beteiligung der Nixon-Regierung markierten den Beginn eines komplexen und weitreichenden politischen Skandals. Es war ein Skandal, der nicht nur die Nixon-Regierung in Frage stellte, sondern auch das politische Leben in den USA nachhaltig beeinflusste.

1. Ausschuss - committee
2. Beteiligung - involvement
3. Beteiligung - participation
4. Ermittlungen - investigations
5. Enthüllung - revelation
6. Einbruch - break-in
7. FBI - FBI
8. Festen - foundations
9. Hauptquartier - headquarters
10. Oval Office - Oval Office
11. Polizeiaktion - police action
12. politischen - political
13. Präsidentschaftswahlen - presidential elections
14. Reporter - reporters
15. Senatsausschuss - Senate committee
16. Skandal - scandal
17. Tonbandaufnahmen - tape recordings
18. Untersuchung - investigation
19. Verwicklung - involvement
20. Vertuschungsversuche - cover-up attempts

2. Die Eskalation und Nixons Mitwirkung

Als sich die Ermittlungen zum Watergate-Skandal vertieften, stellte sich heraus, dass die Verstrickungen weitreichender waren, als zunächst vermutet. Die Komplexität des Skandals begann sich zu entfalten und zeigte ein Netz von Betrug und illegalen Aktivitäten, das bis in die höchsten Ebenen der Nixon-Regierung reichte.

Journalisten, insbesondere die der Washington Post, spielten eine entscheidende Rolle bei der Aufdeckung wichtiger Informationen über den Skandal. Reporter wie Bob Woodward und Carl Bernstein verfolgten unermüdlich Spuren und deckten Details auf, die bei den offiziellen Ermittlungen entweder übersehen oder nicht verfolgt wurden.

Die politischen Auswirkungen des Skandals waren immens. Er beeinflusste die gesamte politische Landschaft der USA, warf einen Schatten auf die Nixon-Regierung und stellte ernsthafte Fragen zur Integrität der Regierung.

Trotz sich häufender Beweise leugnete Präsident Nixon weiterhin jede Beteiligung an dem Skandal. Seine Leugnungen wurden jedoch zunehmend in Frage gestellt, als immer mehr Informationen ans Licht kamen.

Ein wichtiger Durchbruch bei den Ermittlungen war die Entdeckung der Geldspur. Die Finanzierung des Einbruchs in das DNC-Hauptquartier wurde bis zur Nixon-Regierung zurückverfolgt, die damit direkt in den Skandal verwickelt war.

Die geheimen Tonbänder des Weißen Hauses, auf denen Gespräche im Oval Office aufgezeichnet wurden, rückten in den Mittelpunkt der Ermittlungen. Es wurde angenommen, dass diese Bänder entscheidende Beweise für die Verwicklung des Präsidenten enthielten.

Die Senatsanhörungen zum Watergate-Skandal wurden im Fernsehen übertragen und erregten landesweite Aufmerksamkeit. Amerikaner im ganzen Land verfolgten die Aussagen von Schlüsselfiguren des Skandals.

Bei diesen Zeugenaussagen deuteten die Beweise zunehmend auf eine direkte Beteiligung von Präsident Nixon an der Vertuschung hin. Hochrangige Beamte aus seiner Verwaltung gaben kritische Einblicke in das Vorgehen der Nixon-Regierung.

Infolgedessen begann das öffentliche Vertrauen in die Nixon-Regierung zu schwinden. Die amerikanische Bevölkerung misstraute dem Präsidenten und seinen Beamten zunehmend und stellte ihre Ehrlichkeit und Integrität in Frage.

Der politische Druck auf Nixon nahm zu. Sowohl in der Öffentlichkeit als auch in politischen Kreisen wurden die Forderungen nach seiner Rechenschaftspflicht lauter.

Schließlich sah sich Nixon gezwungen, einige der Tonbänder aus dem Weißen Haus freizugeben. Diese Veröffentlichungen wurden als Schlüsselmoment in den Ermittlungen angesehen, da sie möglicherweise direkte Beweise für die Beteiligung des Präsidenten lieferten.

Einer der dramatischsten Momente war das sogenannte "Saturday Night Massacre". Präsident Nixon entließ den Sonderstaatsanwalt Archibald Cox, der die Ermittlungen aggressiv vorangetrieben hatte. Diese Maßnahme führte zu Vorwürfen der Justizbehinderung und des Machtmissbrauchs.

Das Repräsentantenhaus leitete ein Amtsenthebungsverfahren gegen Nixon ein. Dieses Verfahren war ein deutlicher Hinweis auf die Schwere des Skandals und die möglichen Konsequenzen für den Präsidenten.

Angesichts eines nahezu sicheren Amtsenthebungsverfahrens trat Präsident Nixon schließlich von seinem Amt zurück. Sein Rücktritt war ein historischer Moment, denn es war das erste Mal, dass ein US-Präsident zurücktrat.

Die Eskalation des Watergate-Skandals und die Verwicklung Nixons wurden zu einem entscheidenden Moment in der amerikanischen Politikgeschichte. Sie legten Schwachstellen des politischen Systems offen und unterstrichen die Bedeutung von Rechenschaftspflicht und Transparenz in der Regierung. Der Skandal und Nixons späterer Rücktritt hatten tiefgreifende Auswirkungen auf die amerikanische Politik und die öffentliche Wahrnehmung von Integrität und Verantwortlichkeit in der Regierungsführung.

1. Anhörungen - hearings
2. Aussagen - statements
3. Beamte - officials
4. Beteiligung - involvement
5. Durchbruch - breakthrough
6. Einblicke - insights
7. Ermittlungen - investigations
8. Finanzierung - financing
9. Geldspur - money trail
10. Hochrangige - high-ranking

11. Integrität - integrity
12. Justizbehinderung - obstruction of justice
13. Leugnungen - denials
14. Machtmissbrauch - abuse of power
15. Rechenschaftspflicht - accountability
16. Rücktritt - resignation
17. Skandal - scandal
18. Sonderstaatsanwalt - special prosecutor
19. Tonbänder - tapes
20. Vertuschung - cover-up

3. Nachwirkungen und Vermächtnis

Der Watergate-Skandal, der mit dem Rücktritt von Präsident Richard Nixon endete, hat ein tiefgreifendes und dauerhaftes Vermächtnis in der amerikanischen Geschichte und Politik hinterlassen.

Der Rücktritt von Nixon im Zuge des Watergate-Skandals war ein historischer Moment. Er war der erste Präsident der USA, der von seinem Amt zurücktrat, wodurch ein Präzedenzfall in der amerikanischen Politikgeschichte geschaffen wurde. Dieser Schritt wurde als Reaktion auf den überwältigenden Druck und die Beweise gegen ihn gesehen und markierte einen entscheidenden Moment für die Regierungsführung der Nation.

Nach dem Skandal mussten mehrere Beamte aus Nixons Verwaltung mit rechtlichen Konsequenzen rechnen. Viele wurden wegen ihrer Rolle beim Einbruch und der anschließenden Vertuschung verurteilt, was die rechtlichen Folgen politischen Fehlverhaltens verdeutlichte.

Die politischen Auswirkungen des Watergate-Skandals waren weitreichend. Er veränderte die amerikanische politische Landschaft grundlegend und führte zu einem weit verbreiteten Vertrauensverlust in Regierungsbeamte und Institutionen. Der Skandal wirkte sich nachhaltig darauf aus, wie die Amerikaner ihre Führer und ihre Regierung wahrnahmen.

Ein wichtiges Ergebnis von Watergate war die Etablierung des investigativen Journalismus. Reporter spielten eine entscheidende Rolle bei der Aufdeckung des Skandals, was zu einer neuen Wertschätzung der Presse als Wächterin der Regierungstätigkeit führte.

Die Skepsis der Öffentlichkeit gegenüber der politischen Führung nahm infolge des Skandals erheblich zu. Die Ereignisse von Watergate veranlassten viele Amerikaner dazu, die Integrität und Rechenschaftspflicht ihrer gewählten Amtsträger in Frage zu stellen - ein Gefühl, das im politischen Diskurs bis heute anhält.

Der Skandal führte zu Reformen der Regierungspraktiken. Um ähnliche Vorfälle in Zukunft zu verhindern, wurden neue Gesetze und Vorschriften eingeführt, um die Transparenz und Rechenschaftspflicht in der Verwaltung zu verbessern.

Der Einfluss des Journalismus auf den Watergate-Skandal festigte seine Rolle als wichtige Kontrolle der Regierungsmacht. Die investigative Arbeit der Presse bei der Aufdeckung des Skandals stärkte ihre Rolle bei der Überwachung und Berichterstattung über Regierungsmaßnahmen.

Die ethischen Standards in der Politik wurden nach dem Skandal in Frage gestellt. Watergate warf wichtige Überlegungen über das moralische Verhalten von Politikern und die Notwendigkeit ethischer Richtlinien in der politischen Praxis auf.

Die Kontrolle durch den Kongress wurde nach dem Watergate-Skandal verstärkt. Der Skandal verdeutlichte die Notwendigkeit eines soliden Systems von Checks and Balances in der Regierung, was zu einer verstärkten Kontrolle und Überwachung durch den Kongress führte.

Ein bemerkenswertes Ereignis nach Watergate war die Begnadigung von Nixon durch Präsident Gerald Ford. Diese Entscheidung war umstritten und spielte eine wichtige Rolle in Fords politischem Vermächtnis, da sie von vielen als Versuch angesehen wurde, den Skandal zu überwinden und das Land voranzubringen.

Die kulturellen Auswirkungen von Watergate waren beträchtlich. Der Begriff "Watergate" ging in das amerikanische Kulturlexikon ein und wurde zum Synonym für politische Skandale und Korruption.

Der Skandal wurde zu einem Maßstab für künftige politische Skandale. Nachfolgende politische Kontroversen wurden oft mit Watergate verglichen, das zum Maßstab für politische Skandale geworden war.

Die historische Bedeutung von Watergate ist unbestritten. Es bleibt einer der größten politischen Skandale in der Geschichte der USA und eine kritische Studie über den Missbrauch politischer Macht und die Mechanismen, mit denen ein solcher Missbrauch in einer demokratischen Gesellschaft angegangen werden kann.

Schließlich ist das Vermächtnis von Watergate im politischen Diskurs beständig. Es bleibt ein Bezugspunkt in Diskussionen über politische Integrität, Machtmissbrauch und die Bedeutung einer freien Presse. Die Lehren aus Watergate beeinflussen weiterhin die amerikanische Politik und die Erwartungen der Öffentlichkeit an die Transparenz und Rechenschaftspflicht der Regierung.

1. Amtsträger - office holders
2. Begnadigung - pardon
3. Checks and Balances - checks and balances
4. Ethik - ethics
5. Gesetze - laws
6. Integrität - integrity
7. investigativen - investigative
8. Journalisten - journalists
9. Kongress - Congress
10. Kulturlexikon - cultural lexicon
11. Mechanismen - mechanisms
12. Präzedenzfall - precedent
13. Presse - press
14. Präsidenten - president
15. Rechenschaftspflicht - accountability
16. Reformen - reforms

17. Reporter - reporters
18. Rücktritt - resignation
19. Skandale - scandals
20. Vorschriften - regulations

Die Tabakverschwörung (20. Jahrhundert)

1. Einführung in die Tabakindustrie

Tabak ist eine Pflanze, die schon seit vielen Jahrhunderten von Menschen zum Rauchen verwendet wird. Getrocknet kann er auf verschiedene Arten geraucht werden, zum Beispiel in Pfeifen, Zigarren oder in Papier gerollt als Zigaretten.

Im 20. Jahrhundert, also von 1900 bis 1999, wurde das Rauchen von Tabak deutlich populärer als zuvor. Ein wichtiger Grund dafür war das Aufkommen der Zigaretten, die kleine, mit Tabak gefüllte Papierrollen sind und sich durch ihre Leichtigkeit im Transport und Gebrauch auszeichnen.

Viele Unternehmen erkannten diese Gelegenheit und begannen, eigene Zigaretten herzustellen. Diese Unternehmen wuchsen zu großen und wichtigen Akteuren heran und bildeten zusammen die Tabakindustrie. Diese Industrie wurde zu einem wichtigen Teil der Wirtschaft, da sie Zigaretten herstellte und an viele Menschen verkaufte.

Ein Grund für das Wachstum der Tabakindustrie war die Werbung. Überall wurde für Zigaretten geworben: im Fernsehen, in Zeitschriften und auf großen Plakatwänden. Diese Werbung stellte das Rauchen als cool und stilvoll dar und zeigte oft Menschen, die glücklich und erfolgreich aussahen, während sie rauchten.

Sogar berühmte Filmstars wurden in Filmen beim Rauchen gezeigt, was das Rauchen noch glamouröser und attraktiver machte. Die Menschen sahen diese Stars rauchen und wollten ihnen nacheifern.

Ein weiterer Grund für die Beliebtheit von Zigaretten war, dass sie günstig und leicht erhältlich waren. Sie waren in vielen Geschäften verfügbar und kosteten nicht viel Geld.

Zu dieser Zeit wurden die gesundheitlichen Risiken des Rauchens noch nicht allgemein anerkannt. Es gab keine Warnungen vor den Gefahren, und Rauchen war für viele

Menschen ein normaler Teil des Lebens. Es war üblich, Menschen in Wohnungen, Büros und an öffentlichen Orten rauchen zu sehen.

Die Tabakindustrie wurde durch die großen Gewinne aus dem Zigarettenverkauf sehr mächtig. Sie hatte großen Einfluss und konnte die öffentliche Meinung über das Rauchen prägen.

Als das Rauchen immer verbreiteter wurde, begannen Ärzte und Wissenschaftler, mehr darüber zu forschen. Sie wollten herausfinden, ob Rauchen wirklich sicher ist. Mit zunehmender Forschung erkannten sie, dass Rauchen gesundheitsschädlich sein könnte. Zu diesem Zeitpunkt war die Tabakindustrie jedoch bereits sehr groß und mächtig.

Zusammenfassend zeigt Kapitel 1, wie die Tabakindustrie anwuchs und zu einem wichtigen Bestandteil der Gesellschaft wurde. Es wird erklärt, dass das Rauchen populär und als sicher angesehen wurde, aber auch angedeutet, dass sich diese Ansicht zu ändern begann, als Ärzte und Wissenschaftler die Auswirkungen des Rauchens zu erforschen begannen.

1. Akteuren - actors
2. anerkannt - recognized
3. aufkommen - emergence
4. Auswirkungen - effects
5. Beliebtheit - popularity
6. erforschen - to research
7. Filmstars - movie stars
8. Gesellschaft - society
9. gesundheitlich - health-related
10. gesundheitsschädlich - harmful to health
11. glamouröser - more glamorous
12. Gewinne - profits
13. Plakatwänden - billboards
14. Pfeifen - pipes
15. Rauchen - smoking
16. Tabakindustrie - tobacco industry
17. verfügbar - available
18. Werbung - advertising

19. Zigaretten - cigarettes
20. Zeitschriften - magazines

2. Entdeckung der Gesundheitsrisiken

In diesem Kapitel erfahren wir, wie Forschungsergebnisse aufgezeigt haben, dass Rauchen gesundheitsschädlich sein kann. Wissenschaftler begannen, das Rauchen intensiver zu untersuchen und stellten fest, dass das Rauchen von Zigaretten sehr ernste Gesundheitsprobleme verursachen kann.

Eine der größten Entdeckungen war, dass Rauchen Lungenkrebs verursachen kann. Lungenkrebs ist eine ernste Krankheit, bei der Zellen in der Lunge unkontrolliert wachsen. Sie kann sehr krank machen und sogar zum Tode führen.

Es wurde auch ein Zusammenhang zwischen Rauchen und Herzkrankheiten festgestellt. Herzkrankheiten umfassen Probleme wie Herzinfarkte und Schlaganfälle, die auftreten, wenn das Herz nicht mehr richtig funktioniert. Diese sind ebenfalls sehr ernste Gesundheitsprobleme.

Lungenkrebs und Herzerkrankungen waren jedoch nicht die einzigen Gesundheitsrisiken. Wissenschaftler fanden heraus, dass Rauchen viele andere Probleme verursachen kann, was besonders problematisch war, da viele Menschen rauchten.

Schwangeren Frauen, die ein Baby erwarten, wurde geraten, nicht zu rauchen. Studien zeigten, dass Rauchen das Ungeborene schädigen kann. Dies war ein deutliches Warnsignal, dass Rauchen gefährlicher ist, als viele dachten.

Eine weitere wichtige Entdeckung betraf den Passivrauch. Passivrauch ist der Rauch einer Zigarette, der von Personen in der Nähe des Rauchers eingeatmet wird. Dieser Rauch kann auch die Gesundheit von Nicht-Rauchern schädigen.

Mit zunehmender Bekanntheit dieser Informationen begann die Öffentlichkeit, sich Sorgen um das Rauchen zu machen. Sie erkannten, dass Rauchen nicht so sicher war, wie angenommen wurde.

Trotz dieser Befürchtungen fällt es vielen Menschen schwer, mit dem Rauchen aufzuhören. Zigaretten können süchtig machen, d.h., sie erzeugen ein Gefühl der Abhängigkeit. Die Raucherentwöhnung kann für Süchtige sehr schwierig sein.

Die Tabakindustrie war mit diesen Ergebnissen nicht einverstanden und bestritt, dass Rauchen schädlich sei. Sie behauptete, es gäbe keine Beweise für Gesundheitsschäden durch Rauchen.

Um ihre Behauptungen zu stützen, finanzierte die Tabakindustrie ihre eigene Forschung. Sie bezahlte für Studien, die beweisen sollten, dass Rauchen nicht schädlich ist, was zu Verwirrung und Zweifeln führte. Die Menschen wussten nicht, was sie glauben sollten.

Regierungen weltweit wurden jedoch auf die Risiken des Rauchens aufmerksam. Sie nahmen die Forschungsergebnisse zur Kenntnis und begannen, Maßnahmen zum Schutz der Gesundheit der Menschen zu ergreifen.

In vielen Ländern begann sich die Gesetzgebung zu ändern, um den durch das Rauchen verursachten Schaden zu verringern. Diese Gesetze zielten darauf ab, die Gesundheit sowohl der Raucher als auch der Nichtraucher zu schützen.

In diesem Kapitel wird aufgezeigt, wie die Risiken des Rauchens entdeckt wurden und wie sich dadurch die Einstellung der Menschen zu Zigaretten zu ändern begann. Es beleuchtet den Konflikt zwischen der Forschung über Gesundheitsrisiken und der Leugnung dieser Risiken durch die Tabakindustrie. Zudem werden die Anfänge staatlicher Maßnahmen zum Schutz der öffentlichen Gesundheit beleuchtet.

1. Abhängigkeit - dependence
2. aufhören - to quit
3. Befürchtungen - concerns
4. Behauptungen - claims
5. Entdeckungen - discoveries
6. erwarten - expecting

7. Forschung - research
8. Forschungsergebnisse - research findings
9. Gesetzgebung - legislation
10. Gesundheitsprobleme - health problems
11. Herzinfarkte - heart attacks
12. Herzkrankheiten - heart diseases
13. Lungenkrebs - lung cancer
14. Passivrauch - second-hand smoke
15. Raucherentwöhnung - smoking cessation
16. Risiken - risks
17. Schlaganfälle - strokes
18. Schädigen - to harm
19. Süchtige - addicts
20. Ungeborene - unborn

3. Die Tabakverschwörung

In diesem Kapitel wird etwas behandelt, das als Tabakverschwörung bekannt ist. Es handelt sich dabei um eine große Enthüllung über die Tabakindustrie, also die Gruppe von Unternehmen, die Zigaretten herstellen und verkaufen.

Es wurde aufgedeckt, dass die Tabakindustrie über die Risiken des Rauchens informiert war. Sie wusste, dass Rauchen Krankheiten wie Krebs und Herzprobleme verursachen kann, teilte dies jedoch nicht mit der Öffentlichkeit.

Statt die Wahrheit über Rauchen und Gesundheit offenzulegen, verbarg die Industrie ihr Wissen und teilte es nicht mit den Menschen, die Zigaretten kauften und rauchten. Dieses Verschweigen und Verheimlichen der Wahrheit wird als Tabakverschwörung bezeichnet. Es war ein gezielter Plan der Tabakindustrie, Zigaretten weiterhin zu verkaufen, ohne die Menschen über die Risiken aufzuklären.

Schließlich wurden interne Dokumente der Tabakindustrie durchgesickert. Diese Dokumente enthüllten die Geheimnisse der Industrie und bewiesen, dass sie über die Gesundheitsrisiken des Rauchens Bescheid wusste.

Die Tabakindustrie führte die Öffentlichkeit und die Regierungen in die Irre. Mit ihrer Werbung stellten sie das Rauchen als sicher und wünschenswert dar, obwohl sie um die Gefahren wussten.

Daraufhin wurden Klagen gegen Tabakunternehmen eingereicht. Diese Klagen wurden erhoben, weil man der Meinung war, dass die Industrie gelogen und Schaden verursacht hatte.

Viele Menschen fühlten sich verraten und waren wütend. Sie hatten der Tabakindustrie vertraut und fühlten sich nun im Stich gelassen.

Als Reaktion darauf verschärften Regierungen weltweit die Vorschriften für den Tabakkonsum. Diese Vorschriften wurden erlassen, um den Verkauf und die Werbung für Zigaretten zu kontrollieren.

Eine der wichtigsten Änderungen war das Rauchverbot an öffentlichen Orten. Dieses Verbot wurde eingeführt, um die Menschen vor Passivrauchen zu schützen.

Auch die Zigarettenverpackungen mussten verändert werden. Sie mussten nun Gesundheitswarnungen enthalten, um die Menschen über die Risiken des Rauchens zu informieren.

Durch all diese Maßnahmen begann die Zahl der Raucher zu sinken. Mehr Menschen gaben das Rauchen auf, und weniger Menschen begannen damit.

Es wurden Aufklärungsprogramme gestartet, um vor den Risiken des Rauchens zu warnen. Diese Programme zielten darauf ab, besonders jungen Menschen die Gefahren des Rauchens bewusst zu machen.

Das Image der Tabakindustrie erlitt erheblichen Schaden. Nach der Tabakverschwörung sahen viele Menschen die Branche in einem negativen Licht.

Der Kampf gegen das Rauchen geht auch heute noch weiter. Viele Menschen und Gruppen arbeiten weiterhin daran, das Rauchen einzudämmen und die Gesundheit der Menschen zu schützen. Dieses Kapitel zeigt, wie die Entdeckung der

Tabakverschwörung zu bedeutenden Veränderungen in der Wahrnehmung und Regulierung des Rauchens geführt hat. Es unterstreicht die Bedeutung von Transparenz und Ehrlichkeit in der Industrie und zeigt auf, wie wichtig es ist, die Öffentlichkeit über die Risiken von Produkten zu informieren.

1. Aufklärungsprogramme - educational programs
2. Bescheid wusste - was aware
3. Dokumente - documents
4. durchgesickert - leaked
5. eingereicht - filed
6. enthüllten - revealed
7. Gesundheitsrisiken - health risks
8. Gesundheitswarnungen - health warnings
9. Image - image
10. Industrie - industry
11. Irre - misled
12. Klagen - lawsuits
13. Passivrauchen - secondhand smoke
14. Rauchverbot - smoking ban
15. Regulierung - regulation
16. Risiken - risks
17. Tabakindustrie - tobacco industry
18. Tabakverschwörung - tobacco conspiracy
19. Verraten - betrayed
20. Vorschriften - regulations

Die Iran-Contra-Affäre (1980er Jahre)

1. Hintergrund und Ursprünge

Die Iran-Contra-Affäre war ein bedeutendes Ereignis in den 1980er Jahren und stellte einen großen politischen Skandal dar. Dieser fand in den Vereinigten Staaten statt und betraf zwei weitere Länder: Iran und Nicaragua.

Zu dieser Zeit war Iran in einen Krieg mit dem Irak verwickelt, ein Konflikt, der auch die Vereinigten Staaten betraf. Die USA hatten eine klare Regel, die den Waffenverkauf an den Iran untersagte, da sie den Iran in seinem Krieg nicht unterstützen wollten.

Gleichzeitig gab es in Nicaragua eine Gruppe namens Contras, die gegen die dortige Regierung kämpfte. Die US-Regierung, angeführt vom Präsidenten und anderen führenden Politikern, wollte den Contras helfen, da sie der Meinung waren, dies diene ihren Interessen in der Region.

Ein Problem bestand jedoch darin, dass der US-Kongress die finanzielle Unterstützung für die Contras stark begrenzt hatte. Die Regierung konnte den Contras also nicht offen umfangreiche Geldmittel oder Hilfe zukommen lassen.

Infolgedessen suchte die US-Regierung nach geheimen Wegen, um die Contras zu unterstützen, ohne den Kongress oder die Öffentlichkeit zu informieren. Hochrangige US-Beamte entwarfen dazu einen geheimen Plan, der vorsah, heimlich Waffen an den Iran zu verkaufen, obwohl dies gegen die Regel verstieß.

Der Kern des geheimen Plans war, mit den Erlösen aus dem Waffenverkauf an den Iran die Contras in Nicaragua zu unterstützen. So konnten sie die Contras unterstützen, ohne direkt Geld aus dem US-Haushalt zu verwenden.

Dieser Plan verstieß jedoch gegen US-Gesetze und -Politik, die besagen, dass die Regierung bestimmte Handlungen, wie den Verkauf von Waffen an bestimmte Länder, nicht durchführen darf und den Kongress über ihre Aktionen informieren muss.

Die gesamte Affäre wurde geheim gehalten. Weder die amerikanische Öffentlichkeit noch der Kongress, die über diese Vorgänge informiert hätten werden müssen, wussten davon.

Zusammenfassend wird in Kapitel 1 erläutert, wie die Iran-Contra-Affäre begann. Es geht um die Situation in Iran und Nicaragua, das Interesse der US-Regierung an diesen Ländern und den geheimen Plan, der gegen ihre eigenen Gesetze verstieß. Dies bildet die Grundlage für das Verständnis der komplexen Ereignisse, die diesem politischen Skandal folgten.

1. Aktionen - actions
2. angeführt - led by
3. begrenzt - limited
4. betraf - involved
5. Contras - Contras
6. Erlösen - proceeds
7. finanzielle - financial
8. geheimen - secret
9. Gesetze - laws
10. Haushalt - budget
11. informieren - to inform
12. Konflikt - conflict
13. Politikern - politicians
14. Präsidenten - president
15. Regel - rule
16. Skandal - scandal
17. US-Beamte - US officials
18. US-Regierung - US government
19. verkaufen - to sell
20. Waffenverkauf - sale of weapons

2. Ausführung und Entdeckung

Die Iran-Contra-Affäre trat mit den geheimen Waffenverkäufen an den Iran in eine entscheidende Phase. Diese Verkäufe waren ungewöhnlich und wurden streng vertraulich durchgeführt, sodass nur wenige Personen davon wussten. Das Ziel war, dass niemand, insbesondere der US-Kongress und die Öffentlichkeit, von den Transaktionen erfuhr.

Ein Grund für die Entscheidung der USA, heimlich Waffen an den Iran zu verkaufen, war die Hoffnung, dadurch bei der Freilassung amerikanischer Geiseln im Libanon, die von mit dem Iran verbundenen Gruppen festgehalten wurden, Unterstützung zu erhalten.

Die Erlöse aus dem Waffenverkauf an den Iran wurden nicht für alltägliche Zwecke verwendet, sondern heimlich an die Contras in Nicaragua weitergeleitet. Dies war ein zentraler Bestandteil des Plans, obwohl er gegen das US-Recht verstieß. Der US-Kongress, der über solche Aktionen hätte informiert werden müssen, wusste nichts davon.

Der Waffenverkauf und die Unterstützung der Contras waren komplex und riskant, umfassten zahlreiche geheime Transaktionen und Bewegungen von Geld und Waffen und waren so geheim, dass nur wenige in der US-Regierung alle Details kannten.

Die Geheimhaltung konnte jedoch nicht ewig aufrechterhalten werden. Schließlich wurden die geheimen Waffenverkäufe aufgedeckt, zuerst berichtet von einer libanesischen Zeitschrift. Dieser Bericht führte zur raschen Verbreitung der Nachrichten in den Medien weltweit, was für viele schockierend war.

Die amerikanische Öffentlichkeit war besonders bestürzt, da sie keine Kenntnis von derart geheimen und illegalen Aktivitäten ihrer Regierung hatte.

Zur Aufklärung dessen, was geschehen war, wurden Untersuchungen eingeleitet. Während dieser Untersuchungen wurden einige wichtige Dokumente vernichtet, um die Handlungen der Beteiligten zu verbergen.

Die Schlüsselfiguren versuchten ebenfalls, ihre Beteiligung am Skandal zu verheimlichen. Die Iran-Contra-Affäre wurde zu einem Hauptthema in den Medien und löste weltweit Diskussionen und Debatten aus.

Zusammenfassend behandelt Kapitel 2, wie der geheime Plan umgesetzt und später aufgedeckt wurde. Es geht um die heimlichen Waffenverkäufe an den Iran, die Unterstützung für die Contras, den Schock der Öffentlichkeit bei der Entdeckung, den Beginn der Untersuchungen und die Versuche der Schlüsselpersonen, ihre Beteiligung zu verheimlichen. Das Kapitel beleuchtet die Komplexität und Tragweite des Skandals, als er an die Öffentlichkeit gelangte.

1. Aktionen - actions
2. Aufklärung - clarification
3. Beteiligung - involvement
4. Bewegungen - movements
5. bestürzt - dismayed
6. Diskussionen - discussions
7. Dokumente - documents
8. Entdeckung - discovery
9. Erlöse - proceeds
10. Freilassung - release
11. Geheimhaltung - secrecy
12. Geiseln - hostages
13. geheimen - secret
14. geheimen Transaktionen - secret transactions
15. illegalen - illegal
16. Kenntnis - knowledge
17. libanesischen - Lebanese
18. Öffentlichkeit - public
19. Transaktionen - transactions
20. Waffenverkauf - arms sales

Enron-Skandal (2001)

1. Einführung in Enron und den Skandal

Enron war ein sehr großes und bedeutendes Unternehmen in den Vereinigten Staaten, das im Energiegeschäft tätig war. Es handelte mit Ressourcen wie Strom und Erdgas, die für die Energieversorgung von Haushalten und Unternehmen unerlässlich sind.

Im Jahr 2001 erlangte Enron traurige Berühmtheit, und zwar aufgrund eines großen Skandals. Ein Skandal entsteht, wenn öffentlich wird, dass ein Unternehmen oder eine Person unethische oder illegale Handlungen begangen hat.

Im Kern des Skandals stand der Vorwurf des Buchhaltungsbetrugs. Buchhaltung ist die Methode, mit der Unternehmen ihre Finanzen dokumentieren - ihre Einnahmen und Ausgaben. Betrug bezeichnet jede Form der Täuschung oder des unlauteren Handelns. Buchhaltungsbetrug liegt vor, wenn ein Unternehmen falsche Angaben zu seiner finanziellen Lage macht.

Enron hatte in betrügerischer Weise seine finanzielle Situation beschönigt. Durch komplexe Buchhaltungstricks stellte das Unternehmen seine Finanzen besser dar, als sie in Wirklichkeit waren. Diese Tricks umfassten das Verschieben von Geldern und das irreführende Ausweisen von Einkünften.

Viele Menschen vertrauten Enron, da es ein großes und scheinbar erfolgreiches Unternehmen war. Der Aktienkurs von Enron war sehr hoch, was bedeutete, dass die Aktien des Unternehmens an der Börse sehr gefragt waren.

Enron genoss nicht nur Vertrauen, sondern wurde auch in der Wirtschaftswelt bewundert und ausgezeichnet. Es galt als führend in seiner Branche, was dazu führte, dass noch mehr Menschen in Enron investieren wollten.

Hinter den Kulissen jedoch hatte Enron ernsthafte finanzielle Probleme. Diese wurden allerdings zunächst geheim gehalten und nur wenige waren über die tatsächliche Lage informiert.

Der Skandal um Enron wurde zu einem der größten in der Wirtschaftsgeschichte. Die Wirtschaftsgeschichte befasst sich mit der Entwicklung von Unternehmen und deren Aufstieg

oder Niedergang. Der Enron-Skandal erlangte weltweite Bekanntheit und wurde zu einem Symbol für Unternehmensbetrug im 21. Jahrhundert. Er steht exemplarisch dafür, wie ein großes Unternehmen gravierend gegen Gesetze und ethische Grundsätze verstoßen kann.

In Kapitel 1 wird Enron, ein einst führendes Energieunternehmen, vorgestellt und der Weg in einen der massivsten Bilanzbetrugsskandale der Geschichte nachgezeichnet. Es erörtert die betrügerischen Praktiken des Unternehmens und wie diese, obwohl sie anfangs verborgen waren, zu einem der berüchtigsten Wirtschaftsskandale der neueren Geschichte führten.

1. Aktien - stocks
2. Aktienkurs - stock price
3. Ausgaben - expenses
4. Berühmtheit - fame
5. betrügerische - fraudulent
6. Betrug - fraud
7. Bilanzbetrugsskandale - accounting fraud scandals
8. Buchhaltung - accounting
9. Buchhaltungsbetrugs - accounting fraud
10. Einkünften - revenues
11. Einnahmen - income
12. Energiegeschäft - energy business
13. Energieunternehmen - energy company
14. Energieversorgung - energy supply
15. Enron - Enron
16. Finanzen - finances
17. irreführende - misleading
18. Skandal - scandal
19. Täuschung - deception
20. unlauteren - unfair

2. Der Fall von Enron

Im Jahr 2001 kam es zu einem bedeutenden Ereignis: Die Wahrheit über Enron wurde offenbart. Das bedeutet, dass die Menschen zu verstehen begannen, was tatsächlich im Unternehmen vor sich ging.

Ein Reporter, also jemand, der nach Nachrichten sucht und darüber berichtet, und weitere Personen begannen, Fragen über Enron zu stellen. Sie wollten genauer wissen, wie das Unternehmen sein Geld verdiente.

Bei näherer Betrachtung entdeckten sie, dass die Gewinne von Enron nicht real waren. Gewinne sind das Geld, das ein Unternehmen nach Abzug aller Kosten verdient. Die Gewinne von Enron waren jedoch nur erfunden, wie eine unwahre Geschichte.

Tatsächlich hatte das Unternehmen enorme Schulden. Schulden sind Geld, das man anderen schuldet. Enron war viel mehr verschuldet, als es Vermögen hatte, was ein gravierendes Problem darstellte.

Die Führungskräfte von Enron, also die Personen, die das Unternehmen leiteten, hatten über Jahre hinweg gelogen, um den Aktienkurs hoch zu halten. Ein hoher Aktienkurs suggeriert, dass ein Unternehmen erfolgreich und wertvoll ist.

Als der Skandal jedoch ans Licht kam, stürzte der Aktienkurs ab. Ein Kursabsturz bedeutet, dass der Preis der Aktien sehr schnell fällt. Die Aktien von Enron verloren rasant an Wert.

Für die Menschen, die in Enron investiert hatten, war dieser Zusammenbruch verheerend. Investieren bedeutet, Geld anzulegen, in der Hoffnung, daraus mehr Geld zu machen. Durch den Zusammenbruch verloren diese Anleger einen Großteil ihres Geldes.

Auch für viele Enron-Mitarbeiter hatte die Situation schwerwiegende Folgen. Viele verloren ihre Arbeitsplätze und damit auch ihre Altersvorsorge, das Geld, das sie für ihren Ruhestand angespart hatten. Dieser Verlust war für viele eine große Belastung.

Der Skandal erschütterte die Geschäftswelt und zeigte, dass selbst große und scheinbar zuverlässige Unternehmen unehrlich sein können. Unehrlich sein bedeutet, die Wahrheit nicht zu sagen.

Die Lage verschlechterte sich so sehr, dass Enron im Dezember 2001 Insolvenz anmeldete. Insolvenz bedeutet, dass ein Unternehmen offiziell erklärt, nicht in der Lage zu sein, seine Schulden zu begleichen. Es ist, als würde man sagen: "Wir haben kein Geld mehr."

Der Insolvenzantrag war besonders bemerkenswert, weil Enron ein so großes und bekanntes Unternehmen war. Er verdeutlichte, dass auch große Unternehmen auf große Probleme stoßen und scheitern können.

Zusammenfassend zeigt Kapitel 2, wie die Wahrheit über Enrons Finanzlage ans Licht kam und zu dessen dramatischem Niedergang führte. Es beschreibt die Aufdeckung der hohen Schulden und des Bilanzbetrugs, den Sturz des Aktienkurses, die erheblichen Verluste für Investoren und Mitarbeiter sowie den darauffolgenden Konkurs des Unternehmens. Das Kapitel beleuchtet die Tragweite des Skandals und seine Auswirkungen auf das Leben vieler Menschen.

1. Abzug - deduction
2. Aktien - stocks
3. Aktienkurs - stock price
4. Altersvorsorge - retirement savings
5. Anleger - investors
6. Bilanzbetrugs - accounting fraud
7. erfunden - fabricated
8. Führungskräfte - executives
9. Geschäftswelt - business world
10. Gewinne - profits
11. Insolvenz - bankruptcy
12. Insolvenzantrag - bankruptcy filing
13. investiert - invested
14. Kursabsturz - stock crash
15. Reporter - reporter

16. Schulden - debts
17. Situation - situation
18. unehrlich - dishonest
19. Vermögen - assets
20. Zusammenbruch - collapse

3. Nachwirkungen und Auswirkungen

Der Enron-Skandal hatte weitreichende Auswirkungen. Er veränderte weltweit die Wahrnehmung der Menschen gegenüber großen Unternehmen. Vor dem Skandal glaubten viele, dass große Unternehmen generell ehrlich und korrekt handeln. Nach dem Skandal jedoch begannen die Menschen, dieses Vertrauen zu hinterfragen und wurden skeptischer.

Aufgrund des Skandals wurden neue Gesetze eingeführt, um ähnlichen Betrug zu verhindern. Betrug bezeichnet das Täuschen anderer zum eigenen Vorteil. Diese neuen Gesetze sollten sicherstellen, dass Unternehmen ehrliche Angaben über ihre Finanzen machen.

Eines der wichtigsten dieser neuen Gesetze war der Sarbanes-Oxley Act, der in den USA eingeführt wurde. Dieses Gesetz forderte strengere Finanzrichtlinien von Unternehmen und verlangte eine transparentere und ehrlichere Berichterstattung in den Finanzdokumenten.

Die Wirtschaftsprüfungsgesellschaft Arthur Andersen spielte eine zentrale Rolle im Enron-Skandal. Sie sollte Enrons Finanzberichte prüfen, hat jedoch ihre Pflichten nicht korrekt erfüllt. Wegen ihres Fehlverhaltens wurde Arthur Andersen bestraft und verlor schließlich das Geschäft, da das Vertrauen in die Firma verloren gegangen war.

Viele an dem Skandal beteiligte Personen mussten sich vor Gericht verantworten. Einige Führungskräfte von Enron wurden für schuldig befunden und mussten ins Gefängnis.

Der Skandal führte zu einer verstärkten Kontrolle von Buchhaltungspraktiken. Diese Maßnahmen sollten sicherstellen, dass Unternehmen korrekt über ihre Finanzen berichten und Betrug vermeiden.

Die Bedeutung von Unternehmensethik wurde durch den Skandal stärker ins Bewusstsein gerückt. Unternehmensethik befasst sich mit den moralischen Grundsätzen des Geschäftslebens und spielt eine wichtige Rolle dabei, Unternehmen zu ehrlichem Handeln zu leiten.

Der Enron-Skandal ist nun ein Studienobjekt in Wirtschaftsschulen, um zukünftige Unternehmensführer über die Folgen unethischen Handelns aufzuklären.

Der Enron-Skandal dient als Mahnung vor Gier und Unehrlichkeit in der Wirtschaft. Er zeigt auf, welche negativen Konsequenzen entstehen können, wenn Unternehmen von diesen negativen Trieben geleitet werden. Diese Lehren sind wichtig für alle Akteure im Wirtschaftsleben und sollten nicht in Vergessenheit geraten.

1. Betrug - fraud
2. Buchhaltungspraktiken - accounting practices
3. ehrlich - honest
4. Finanzberichte - financial reports
5. Finanzdokumenten - financial documents
6. Finanzrichtlinien - financial guidelines
7. Führungskräfte - executives
8. Gefängnis - prison
9. Gericht - court
10. Gesetze - laws
11. Gier - greed
12. skeptischer - skeptical
13. Studienobjekt - subject of study
14. transparentere - more transparent
15. Unehrlichkeit - dishonesty
16. Unternehmensethik - corporate ethics
17. Verantworten - to account for
18. Wirtschaftsprüfungsgesellschaft - auditing firm

Abgasskandal bei Volkswagen (2015)

1. Einführung in den Volkswagen Abgasskandal

Im Jahr 2015 stand Volkswagen, ein renommiertes deutsches Automobilunternehmen, vor einem erheblichen Problem. Es handelte sich nicht um technische Defekte oder Sicherheitsmängel der Fahrzeuge, sondern um einen Vorfall, der als Volkswagen Abgasskandal bekannt wurde.

Im Zentrum des Skandals standen Dieselfahrzeuge von Volkswagen. Dieselfahrzeuge, die mit Dieselkraftstoff betrieben werden, unterscheiden sich von benzinbetriebenen Autos und gelten oft als effizienter, besonders für Langstreckenfahrten.

Es stellte sich jedoch heraus, dass Volkswagen bei Abgastests betrogen hatte. Abgase sind die Emissionen, die aus dem Auspuff des Fahrzeugs austreten und können umweltschädlich sein. Abgastests überprüfen die Menge der Emissionen, die ein Auto ausstößt, um sicherzustellen, dass es die gesetzlichen Grenzwerte einhält.

Volkswagen hatte jedoch eine spezielle Software in seinen Dieselfahrzeugen eingebaut. Diese Software erkannte, wenn das Fahrzeug einem Abgastest unterzogen wurde und veränderte dann die Betriebsweise des Motors, um die Emissionen künstlich zu senken. So erschienen die Fahrzeuge während der Tests umweltfreundlicher, als sie es tatsächlich waren.

Das Problem war, dass diese Anpassungen nur während der Tests aktiv waren. Im normalen Fahrbetrieb auf der Straße wurden diese umweltschonenden Systeme nicht genutzt, wodurch die Fahrzeuge deutlich mehr Schadstoffe ausstießen als in den Tests angegeben.

Viele Menschen hatten diese Volkswagen-Dieselfahrzeuge gekauft in dem Glauben, sie seien umweltfreundlich. Die Enthüllung des Betrugs schockierte Menschen weltweit und stellte das Vertrauen in das Unternehmen infrage. Der Skandal warf ernste Fragen zur Integrität großer Unternehmen auf, besonders in Bezug auf Umweltschutz.

Kapitel 1 gibt einen Überblick über den Volkswagen Abgasskandal und erklärt, wie das Unternehmen eine spezielle Software einsetzte, um bei Abgastests zu täuschen. Dieses Vorgehen täuschte Kunden und Behörden über die tatsächliche Umweltverträglichkeit der Dieselfahrzeuge und hatte weltweit weitreichende Folgen, sowohl in Bezug auf das Vertrauen der Menschen in Volkswagen als auch auf umweltbezogene Bedenken.

1. Abgase - emissions
2. Abgastests - emissions tests
3. Automobilunternehmen - automobile company
4. benzinbetriebenen - gasoline-powered
5. Betriebsweise - operating mode
6. Dieselfahrzeuge - diesel vehicles
7. Dieselkraftstoff - diesel fuel
8. effizienter - more efficient
9. Emissionen - emissions
10. Enthüllung - revelation
11. Fahrbetrieb - driving operation
12. Fahrzeuge - vehicles
13. gesetzlichen Grenzwerte - legal limits
14. integrität - integrity
15. Langstreckenfahrten - long-distance trips
16. Schadstoffe - pollutants
17. Software - software
18. umweltfreundlich - environmentally friendly
19. Umweltschutz - environmental protection
20. umweltschonenden - environmentally friendly

2. Entdeckung und Reaktion

Der Abgasskandal von Volkswagen wurde nicht vom Unternehmen selbst, sondern von Forschern in den Vereinigten Staaten aufgedeckt. Diese Forscher stellten signifikante Unterschiede zwischen den Emissionswerten von Volkswagen-Fahrzeugen in Tests und den im Straßenverkehr tatsächlich ausgestoßenen Abgasen fest.

Anfangs leugnete Volkswagen, dass sie etwas Unrechtes getan hatten. Sie wiesen die Vorwürfe zurück und bestritten, Schummelsoftware in ihren Autos verwendet zu haben. Diese Art von Dementi ist typisch, wenn Unternehmen beschuldigt werden, Fehlverhalten begangen zu haben.

Als jedoch immer mehr Beweise ans Licht kamen, musste Volkswagen schließlich zugeben, spezielle Software in Dieselfahrzeugen eingesetzt zu haben, um die Abgastests zu manipulieren. Dieser Betrug betraf Millionen von Autos weltweit.

Nach Bekanntwerden des Skandals fiel der Aktienkurs von Volkswagen dramatisch. Die Investoren verloren das Vertrauen in das Unternehmen, was zu erheblichen finanziellen Einbußen führte.

Kunden, die Volkswagen-Autos gekauft hatten, fühlten sich betrogen und waren wütend. Sie hatten geglaubt, umweltfreundliche Fahrzeuge erworben zu haben, wurden aber getäuscht. Dies führte zu einem Gefühl des Verrats.

Weltweit leiteten Regierungen Untersuchungen gegen Volkswagen ein, um mehr über die Betrügereien und deren Hintergründe zu erfahren. Diese Untersuchungen waren wichtig, um die Einhaltung der Regeln durch die Unternehmen sicherzustellen.

Volkswagen musste zahlreiche Fahrzeuge zurückrufen, um die manipulative Software zu entfernen und die Fahrzeuge den gesetzlichen Abgasnormen anzupassen.

Das Unternehmen wurde zudem zu hohen Geldstrafen verurteilt. Diese sollten nicht nur Volkswagen für den Betrug bestrafen, sondern auch als Abschreckung für andere Unternehmen dienen.

Der Ruf von Volkswagen erlitt schweren Schaden. Ein guter Ruf ist für ein Unternehmen von großer Bedeutung und der Wiederaufbau des Vertrauens kann lange dauern.

Der Skandal führte auch zu verstärkten Überprüfungen anderer Automobilhersteller und zu einem erhöhten Bewusstsein für die Problematik von Autoabgasen.

Die Ehrlichkeit der Autohersteller wurde nun stärker hinterfragt. Die Menschen begannen zu bezweifeln, ob sie den Aussagen der Hersteller über ihre Fahrzeuge trauen konnten.

Schließlich resultierte der Skandal in strengeren Abgastests und Vorschriften. Diese neuen Regelungen wurden eingeführt, um eine genauere Überprüfung der Abgaswerte zu gewährleisten und Betrug bei diesen Tests zu verhindern.

Kapitel 2 behandelt die Aufdeckung des Betrugs von Volkswagen und die weltweiten Reaktionen darauf. Es umfasst das anfängliche Leugnen und das spätere Eingeständnis von Volkswagen, die Auswirkungen auf das Unternehmen und seine Kunden, die breiteren Folgen für die Automobilindustrie und die Änderungen in den Vorschriften und im öffentlichen Bewusstsein bezüglich Autoemissionen.

1. Abgasnormen - exhaust emission standards
2. Abgastests - emissions tests
3. Autoabgasen - car emissions
4. Autohersteller - car manufacturers
5. Automobilhersteller - automobile manufacturers
6. Betrügereien - fraud
7. Dementi - denial
8. Ehrlichkeit - honesty
9. Emissionswerten - emission values
10. Geldstrafen - fines
11. gesetzlichen - legal
12. Investoren - investors
13. manipulieren - to manipulate
14. Rückruf - recall
15. Schummelsoftware - cheating software
16. Straßenverkehr - road traffic
17. Untersuchungen - investigations
18. Verrats - betrayal

19. Vorwürfe - accusations
20. zurückrufen - to recall

3. Langfristige Auswirkungen und politisches Engagement

Der Abgasskandal bei Volkswagen zog nachhaltige Folgen nach sich, die weit über das Unternehmen hinaus die gesamte Automobilindustrie betrafen und sogar die politische Diskussion und Gesetzgebung beeinflussten.

Volkswagen musste seine Produktionsweise grundlegend überdenken. Das verlorene Vertrauen der Öffentlichkeit machte deutliche Veränderungen erforderlich, insbesondere die verstärkte Fokussierung auf die Entwicklung von Elektrofahrzeugen, die als umweltfreundlichere Alternative gelten.

Das Vertrauen in Dieseltechnologie erlitt durch den Skandal einen erheblichen Schaden. Viele Menschen begannen, Diesel als weniger attraktive Option zu betrachten und suchten nach alternativen Antriebsmöglichkeiten.

Regierungen weltweit reagierten auf den Skandal mit verstärkter Aufmerksamkeit für Umweltgesetzgebungen. Sie erkannten die Bedeutung strikter Regelungen, um die Umwelt vor schädlichen Emissionen zu schützen.

Einige Länder planten sogar, langfristig Dieselautos zu verbieten, was ein starkes Engagement für sauberere und nachhaltigere Transportmethoden signalisierte.

Der Skandal beeinflusste auch die politischen Debatten über Umweltthemen. Politiker und Entscheidungsträger diskutierten über Maßnahmen zur Verhinderung ähnlicher Vorfälle und betonten die Notwendigkeit strenger Vorschriften und Überwachung, um die Ehrlichkeit der Unternehmen zu gewährleisten.

Es wurden Fragen zur Rolle der Regierungen bei der Überwachung der Automobilindustrie aufgeworfen. Diskutiert wurde, inwieweit Regierungen in der Lage waren, das Verhalten der Unternehmen, insbesondere in Bezug auf Emissionen und Umweltauswirkungen, effektiv zu kontrollieren.

Infolgedessen führten viele Länder strengere Abgastest-Regelungen ein, um zu verhindern, dass sich ein ähnlicher Vorfall wie bei Volkswagen wiederholt.

Der Skandal unterstrich die Notwendigkeit von Transparenz und Ehrlichkeit in Geschäftspraktiken, insbesondere im Hinblick auf Umweltauswirkungen.

Die Rolle der politischen Führung bei der Regulierung der Industrie wurde intensiv diskutiert. Es ging um das richtige Maß an Kontrolle und Aufsicht der Regierungen über große Unternehmen, ohne deren Handlungsfreiheit zu stark einzuschränken.

Der Vertrauensverlust der Verbraucher in große Marken wurde durch den Skandal deutlich. Die Menschen begannen zu hinterfragen, ob sie den Angaben großer Unternehmen über ihre Produkte und deren Umweltauswirkungen trauen können.

Abschließend führte der Volkswagen-Skandal zu einer globalen Diskussion über nachhaltigen Verkehr und brachte Menschen dazu, über die Umweltauswirkungen von Verkehrsmitteln und mögliche Verbesserungen nachzudenken.

Der Volkswagen-Abgasskandal bleibt ein prägnantes Beispiel für die Verantwortung von Unternehmen. Er verdeutlicht die Verpflichtungen, die Unternehmen gegenüber der Öffentlichkeit, der Umwelt und ethischen Geschäftspraktiken haben, und zeigt die Konsequenzen auf, die aus betrügerischem Verhalten resultieren können.

1. Abgastest-Regelungen - exhaust test regulations
2. Antriebsmöglichkeiten - propulsion options
3. Automobilindustrie - automobile industry
4. Dieselautos - diesel cars
5. Dieseltechnologie - diesel technology
6. Ehrlichkeit - honesty
7. Emissionen - emissions

8. Entscheidungsträger - decision-makers
9. Geschäftspraktiken - business practices
10. Handlungsfreiheit - freedom of action
11. Nachhaltig - sustainable
12. Politische Führung - political leadership
13. Produktionsweise - production method
14. Regelungen - regulations
15. Sauberere - cleaner
16. Transparenz - transparency
17. Umweltauswirkungen - environmental impacts
18. Umweltgesetzgebungen - environmental legislations
19. Verbraucher - consumers
20. Vertrauensverlust - loss of trust

Die Cum-Ex-Finanzverschwörung

1. Verständnis von Cum-ex

Cum-Ex war ein komplexes Finanzsystem, das viele Menschen verwirrte. Es glich einem kniffligen Rätsel in der Welt der Finanzen, wo es um die Verwaltung von Geld, besonders durch große Unternehmen und Regierungen, geht.

Dieses System basierte auf zwei wesentlichen Elementen: Aktien und Dividenden. Aktien sind Anteile an einem Unternehmen, und Dividenden sind eine Art Belohnung für den Besitz dieser Aktien, die ausgeschüttet werden, wenn ein Unternehmen Gewinn erzielt.

Die Einzigartigkeit von Cum-Ex lag in der Ausnutzung von Schlupflöchern in den Steuergesetzen. Steuergesetze definieren, wie viel Steuern Personen und Unternehmen zu zahlen haben. Schlupflöcher sind Unzulänglichkeiten in diesen Gesetzen, die es ermöglichen, Steuern zu umgehen.

Cum-Ex ermöglichte es, doppelte Steuererstattungen auf Dividenden zu erhalten. Eine doppelte Erstattung bedeutet, mehr Geld zurückzubekommen, als man eigentlich sollte.

Besonders in Deutschland wurde Cum-Ex genutzt, einem Land, das für seine starke Wirtschaft und strenge Regeln bekannt ist. Banken und Investoren waren maßgeblich an Cum-Ex beteiligt. Sie nutzten den schnellen Handel mit Aktien, um diesen Plan umzusetzen.

Der Handel fand genau zu den Zeitpunkten statt, zu denen Dividenden gezahlt wurden, was es schwierig machte zu verfolgen, wem die Aktien gehörten. Dadurch war es auch schwer zu bestimmen, wer die Steuerrückerstattung erhalten sollte.

Das Ziel von Cum-Ex war es, auf unehrliche Weise Steuerrückerstattungen zu erlangen, was zu erheblichen Steuerausfällen für die Regierungen führte.

Anfangs wurde Cum-Ex als legal angesehen, aber als man das System besser verstand, wurde es als illegal eingestuft. Dieser

Übergang von legal zu illegal zeigt die Komplexität und Raffinesse des Cum-Ex-Systems.

Kapitel 1 erklärt die Grundprinzipien des Cum-Ex-Systems, die Einbeziehung von Aktien und Dividenden, die Ausnutzung von Schlupflöchern im Steuerrecht und die daraus resultierenden illegalen doppelten Steuererstattungen. Es beleuchtet auch die Rolle von Banken und Anlegern und die signifikanten Verluste an Staatseinnahmen, die durch das System entstanden sind.

1. Aktien - stocks
2. Anlegern - investors
3. Banken - banks
4. Cum-Ex - Cum-Ex
5. Dividenden - dividends
6. Doppelte Erstattung - double refund
7. Finanzsystem - financial system
8. Gewinn - profit
9. Handel - trade
10. Illegal - illegal
11. Legal - legal
12. Rätsel - puzzle
13. Schlupflöcher - loopholes
14. Steuerausfällen - tax losses
15. Steuererstattungen - tax refunds
16. Steuergesetzen - tax laws
17. Strenge Regeln - strict rules
18. Unehrliche Weise - dishonest way
19. Unternehmen - companies
20. Zeitpunkten - moments

2. Entdeckung und Reaktion

Die Geschichte der Cum-Ex-Verschwörung, ein gut gehütetes Geheimnis in der Finanzwelt, wurde schließlich aufgedeckt. Behörden, die für die Einhaltung der Gesetze zuständig sind, entdeckten das System, vor allem in Deutschland, wo Cum-Ex am häufigsten zum Einsatz kam.

Die Medien, darunter Zeitungen, Fernsehnachrichten und Websites, begannen, über diese illegalen Aktivitäten zu berichten. Die Menschen waren überrascht und schockiert, als sie erfuhren, wie ausgeprägt der Betrug war. Betrug bedeutet, jemanden zum eigenen Vorteil zu täuschen.

Viele Banken und Händler, die im Kauf und Verkauf von Aktien tätig sind, waren an dem System beteiligt. Sie mussten mit rechtlichen Konsequenzen rechnen, was bedeutet, dass sie vor Gericht gestellt werden und möglicherweise Geldstrafen zahlen mussten.

Als die deutsche Regierung das Ausmaß der Probleme, die durch Cum-Ex verursacht wurden, erkannte, entschied sie sich zu handeln und änderte die Steuergesetze, um die ausgenutzten Schlupflöcher zu schließen.

Einige der in Cum-Ex involvierten Banken wurden aufgefordert, die unrechtmäßig erlangten Gewinne zurückzuzahlen. Dies war eine Art der Wiedergutmachung für die unethische Geldbeschaffung.

Andere Länder begannen ebenfalls zu überprüfen, ob ähnliche Betrügereien bei ihnen stattgefunden hatten, um mögliche finanzielle Verluste zu verhindern.

Der Skandal führte zu Diskussionen über die Effektivität der Finanzvorschriften und ob diese verschärft werden müssten.

Politiker, darunter auch Olaf Scholz aus Deutschland, wurden bezüglich ihres Wissens und ihrer Handlungen in Bezug auf Cum-Ex befragt. Die Öffentlichkeit wollte wissen, ob Politiker von diesen Machenschaften wussten und ob sie etwas dagegen unternommen hatten.

Es gab Untersuchungen über die mögliche Beteiligung von Politikern am Cum-Ex-System und deren Rolle bei dessen Ermöglichung oder Ignorierung.

All dies mündete in Forderungen nach einer strengeren Finanzaufsicht, um sicherzustellen, dass Banken und Händler nicht erneut solche Betrügereien begehen können.

Zusammengefasst behandelt Kapitel 2 die Aufdeckung des Cum-Ex-Systems und die darauffolgenden Entwicklungen. Es umfasst die Ermittlungen in Deutschland, die Reaktionen der Medien und Öffentlichkeit, die Beteiligung von Banken und Händlern, die Änderungen in den Steuergesetzen und die Rolle von Politikern und Finanzvorschriften. Das Kapitel beleuchtet die weitreichenden Folgen des Skandals und die Bemühungen, ähnliche Betrügereien in der Zukunft zu verhindern.

1. Aktien - stocks
2. Aufdeckung - exposure, uncovering
3. Banken - banks
4. Behörden - authorities
5. Betrug - fraud
6. Cum-Ex - Cum-Ex
7. Ermittlungen - investigations
8. Finanzaufsicht - financial supervision
9. Finanzvorschriften - financial regulations
10. Geldstrafen - fines
11. Gericht - court
12. Gewinne - profits
13. Händler - traders
14. Machenschaften - schemes
15. Medien - media
16. Öffentlichkeit - public
17. Politiker - politicians
18. Rechtliche Konsequenzen - legal consequences
19. Schlupflöcher - loopholes
20. Wiedergutmachung - restitution

3. Langfristige Auswirkungen und politische Implikationen

Der Cum-Ex-Skandal hatte nicht nur kurzfristige Auswirkungen, sondern hinterließ nachhaltige Spuren in der Welt der Finanzen und Politik. Er führte zu lang anhaltenden Veränderungen und intensiven Diskussionen.

Das Vertrauen der Menschen in das Bankensystem wurde tief erschüttert. Die Frage nach der Vertrauenswürdigkeit von Banken und Finanzhändlern, also den Akteuren, die mit dem Geld umgehen, rückte in den Mittelpunkt. Diese Infragestellung der Ethik, also der Vorstellungen von Richtig und Falsch, zeigte die Sorge der Menschen um die Arbeitsweise von Banken und Finanzakteuren.

Als Reaktion auf den Skandal verschärften Regierungen weltweit die Finanzvorschriften. Diese strengeren Regeln sollten zukünftige Betrügereien verhindern und Fairness im Finanzwesen sicherstellen.

Die Notwendigkeit von Transparenz im Finanzsektor wurde durch den Skandal deutlich. Transparenz, das offene und klare Darlegen von Handlungen, ist entscheidend, um Betrug und Täuschung zu verhindern.

Politische Entscheidungsträger, einschließlich Olaf Scholz, wurden intensiv hinterfragt. Scholz, der damalige Bürgermeister von Hamburg, musste sich Fragen zu seiner Rolle und seinem Wissen über den Skandal stellen. Es ging darum, ob er involviert war oder hätte eingreifen können.

Es entstanden Debatten über die angemessene Rolle von Politikern im Finanzwesen. Diese Diskussionen drehten sich um die Frage, ob Politiker genug tun, um den Finanzsektor zu überwachen und zu kontrollieren.

Der Skandal beeinflusste auch die Finanzpolitik. Regierungen überlegten, wie sie ihre Politik ändern könnten, um Betrügereien wie Cum-Ex zu unterbinden.

Eine zentrale Erkenntnis aus dem Skandal war die Bedeutung effektiver Steuergesetze. Der Cum-Ex-Skandal zeigte auf, wie Betrug möglich wird, wenn Steuergesetze nicht streng und eindeutig sind.

Das öffentliche Bewusstsein für Finanzsysteme wurde durch den Skandal geschärft. Die Menschen wurden sich der Komplexität und der Risiken in diesen Systemen stärker bewusst.

Der Skandal fand Eingang in Wahlkämpfe und politische Debatten. Politiker thematisierten den Skandal, und Wähler berücksichtigten ihn bei ihren Wahlentscheidungen.

Diskussionen über die Verantwortung von Politikern wurden angestoßen. Es ging um die Rolle der Politik bei der Prävention solcher Skandale und beim Schutz öffentlicher Gelder.

Banken zeigten sich bei komplexen Finanzgeschäften vorsichtiger. Sie wollten nicht in illegale oder unethische Aktivitäten verwickelt werden.

Der Cum-Ex-Skandal bleibt ein wichtiges Thema in der Finanzethik. Diese beschäftigt sich mit dem korrekten Umgang mit Geld und finanziellen Entscheidungen. Der Skandal dient als Mahnung an die Bedeutung einer soliden Ethik im Finanzwesen.

1. Bankensystem - Banking system
2. Betrügereien - Frauds
3. Bürgermeister - Mayor
4. Cum-Ex - Cum-Ex
5. Debatten - Debates
6. Entscheidungsträger - Decision makers
7. Ethik - Ethics
8. Finanzgeschäften - Financial transactions
9. Finanzhändlern - Financial traders
10. Finanzpolitik - Financial policy
11. Finanzsektor - Financial sector
12. Finanzsysteme - Financial systems
13. Finanzvorschriften - Financial regulations
14. Finanzwesen - Finance
15. Politiker - Politicians
16. Steuergesetze - Tax laws
17. Transparenz - Transparency
18. Vertrauenswürdigkeit - Trustworthiness

Nachwort: Der Weg durch das Labyrinth der Verschwörungstheorien - vom Absurden zum Glaubwürdigen

In der faszinierenden und oft verwirrenden Welt der Verschwörungstheorien kann die Grenze zwischen dem Absurden und dem Plausiblen erstaunlich dünn sein. Verschwörungstheorien sind in ihrer Art und Glaubwürdigkeit sehr unterschiedlich - von haarsträubenden Ideen über Begegnungen mit Außerirdischen und die Weltherrschaft von Geheimgesellschaften bis hin zu glaubwürdigeren Verdächtigungen über politische Vertuschungen und unternehmerisches Fehlverhalten.

Ein besonders faszinierender Aspekt von Verschwörungstheorien ist die Möglichkeit, dass einige absichtlich in Umlauf gebracht werden, um Verwirrung und Zweifel zu stiften. Diese Taktik, die oft als "Verschwörungstheorie über Verschwörungstheorien" bezeichnet wird, legt nahe, dass eine Vielzahl von seltsamen und unglaublichen Theorien absichtlich in die Welt gesetzt werden. Das Ziel? Die Öffentlichkeit zu verwirren und ihr die Unterscheidung zu erschweren, was eine unbegründete Verschwörungstheorie ist und was eine legitime, verborgene Wahrheit sein könnte.

Diese Strategie beruht auf einem psychologischen Phänomen, das als "Überlastungseffekt" bekannt ist. Wenn Menschen mit einer Flut von widersprüchlichen Informationen und zahlreichen Theorien konfrontiert werden, von denen viele bizarr oder offensichtlich unwahr sind, können sie zynisch oder apathisch werden, wenn es darum geht, den Wahrheitsgehalt einer dieser Theorien zu erkennen. Dieser "Lärm" kann glaubwürdigere Bedenken, die eine ernsthafte Betrachtung rechtfertigen, effektiv verschleiern, so dass potenziell wahre Verschwörungen im Verborgenen bleiben und zusammen mit den ausgefalleneren Theorien abgetan werden.

Nehmen wir zum Beispiel einen echten Fall von Unternehmensbetrug. Wenn der öffentliche Diskurs über dieses Thema durch weit hergeholte Theorien mit unzusammenhängenden und phantasievollen Elementen verunreinigt wird, besteht die Gefahr, dass das tatsächliche

Fehlverhalten übersehen oder nicht ernst genommen wird. Diese Taktik kann ein mächtiges Instrument im Arsenal derjenigen sein, die von ihren fragwürdigen Aktivitäten ablenken wollen.

Dieses Postskriptum soll zu kritischem Denken und Unterscheidungsvermögen im Umgang mit Verschwörungstheorien anregen. Während einige Theorien zweifelsohne auf Fantasie und Unwahrheit beruhen, können andere Elemente der Wahrheit enthalten, die eine Überprüfung verdienen. Es ist daher von wichtig, jeder Theorie unvoreingenommen und mit einer gesunden Portion Skepsis zu begegnen, die Beweise (oder deren Fehlen) zu prüfen und die Quellen dieser Behauptungen zu berücksichtigen.

In einer Welt, die von Informationen und Fehlinformationen nur so strotzt, ist die Fähigkeit, Fakten von Fiktion zu unterscheiden, wichtiger denn je. Bei der Navigation durch das riesige Meer von Verschwörungstheorien, die von verrückt bis plausibel reichen, ist unser bester Kompass eine Kombination aus kritischem Denken, der Bereitschaft zu hinterfragen und dem Engagement, nach überprüfbaren Wahrheiten zu suchen. Denken Sie daran: Nur weil eine Theorie bizarr klingt, ist sie nicht automatisch falsch, und ebenso ist die Plausibilität keine Garantie für die Wahrheit. Die Herausforderung besteht darin, das eine vom anderen zu unterscheiden - eine Aufgabe, die sowohl Aufgeschlossenheit als auch ein scharfes Auge erfordert.

1. Absurden - Absurd
2. Apathisch - Apathetic
3. Außerirdischen - Aliens
4. Betrachtung - Consideration
5. Beweise - Evidence
6. Bizarr - Bizarre
7. Fehlinformationen - Misinformation
8. Fehlverhalten - Misconduct
9. Fiktion - Fiction
10. Geheimgesellschaften - Secret societies
11. Lärm - Noise

German Graded Readers

For more books and E-book options visit:

www.briansmith.de